마작 1년차
교과서
KB242936
센바 쿠로노

오늘도 힘차게 3000·6000! 마작력 1,000년의 카라스텐구, 센바 쿠로노라고 합니다. YouTube에서 마작 방송을 중심으로 활동하는 버추얼 YouTuber입니다.

이 책을 구매하신 당신은 아마도 마작을 배운 지 얼마 되지 않아 첫 번째 마작 교본으로 어떤 책을 골라야 좋을지 망설이며 이 페이지를 펼치셨을 겁니다. 저는 그런 당신의 마음을 응원하고 싶어서 이 책을 썼습니다.

이 책은 처음 마작 교본을 구매하신 분을 독자로 상정하고 마작의 기초적인 실전 기술을 처음부터 소개하고 있습니다. 그러기 위해 포인트를 좁히고 연습 문제도 다수 수록했습니다. 이 책을 다 읽으신 무렵에는 상급자와도 충분히 싸울 수 있는 작사가 되실 수 있을 겁니다.

마작의 기술에는 크게 나눠 두 가지, 공격과 수비가 있습니다. 둘 다 중요하지만 우선 공격을 배워봅시다. 공격이란 화료를 목표로 하는 기술입니다. 마작은 화료를 해서 점수를 벌지 못하면 이길 수 없기도 하고, 역시 화료를 했을 때가 가장 기쁘니까요. 이 책에서도 공격 편→수비 편 순서로 수록했으니 반드시 페이지를 뛰어넘지 마시고 한 항목씩 읽으며 나아가주세요.

이 책이 당신의 마작 라이프를 더욱 풍족하게 만들어드리길 바랍니다!

목차

제2장
울기 편

제3장
수비 편

제4장
마음가짐 편

제1장
리치 편

이 역만 기억하면
마작을 재미있게
즐길 수 있습니다!

역은 리치와 역패
두 개만 기억하자

이 책을 구매한 분은 마작이 재미있어 보여서 나도 한번 해보고 싶다고 느끼셨겠죠. 분명 입문서나 초보자용 웹사이트도 보시지 않았을까요. 그때 첫 페이지에서「화료 역 일람」이라는 엄청나게 긴 항목이 여러분의 앞을 가로막았을 겁니다. "마작을 하려면 이렇게 많은 역을 전부 외워야 하는 건가!"라고 높은 문턱을 느끼거나 외우길 포기한 분도 계실지 모릅니다.

하지만 사실 마작은 모든 역을 외우지 않아도 충분히 즐길 수 있습니다.

예를 들어 스모에는 82가지의 결정수가 존재합니다. 이건 마작의 역보다 훨씬 많은 숫자입니다. 그러나 그 모든 결정수가 실전 시합에서 똑같이 쓰이냐고 물어본다면 그렇진 않습니다. 전체의 50% 이상의 시합이 밀어내기와 잡아 내보내기라는 두 가지 기술만으로 승부가 결정됩니다. 그중에는 10년에 한 번 나올까 말까 한 보기 드문 결정수도 있습니다. 외워도 쓸 기회가 평생에 한 번도 없을지도 모르죠. 마작의 역도 마찬가지입니다. 40개가 넘는 마작의 화료 역을 전부 똑같이 쓰진 않습니다. 실은 자주 쓰이는 역은 단 두 개, 「리치」와 「역패」입니다. 이 두 가지만으로도 전체의 75% 이상의 화료가 결정됩니다. 우선 이 두 가지를 외우는 게 좋습니다.

리치

리치란 멘젠(퐁이나 치를 하지 않은 상태)에서 텐파이했을 때 「리치」라고 선언하여 성립하는 역입니다. 리치를 선언하기 위해서는 1,000점을 지불해야 합니다만 어떤 모양이든 리치를 선언하면 역이 생기고, 다양한 역이 복합될 가능성이 있기에 생각지 못한 고타점이 되는 때도 있습니다. 멘젠에서 텐파이하면 처음엔 계속 리치를 선언해봅시다.

리치로 화료한 손패의 예시

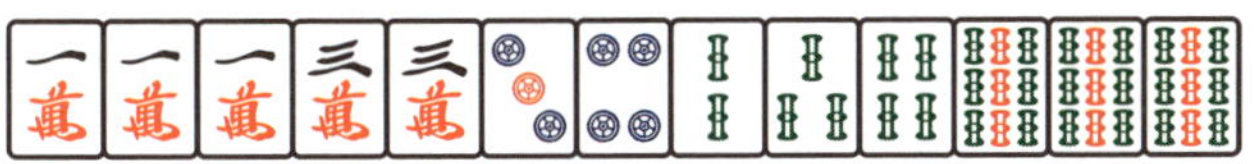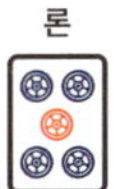

역패란 「□·發·中」 삼원패 중 하나, 혹은 장풍패(동장에선 東, 남장에선 南)나 자풍패(동가라면 東, 남가라면 南, 서가라면 西, 북가라면 北)로 커쯔를 만들어서 성립하는 역입니다. 이건 퐁이나 치를 해도 화료할 수 있으니 손안에 똑같은 역패가 2개 있을 땐 우선 「퐁」이라고 외쳐봅시다. 다른 사람의 버림패를 이용해서 화료할 수 있으므로 리치와는 다른 재미가 있는 역입니다.

역패로 화료한 손패의 예시

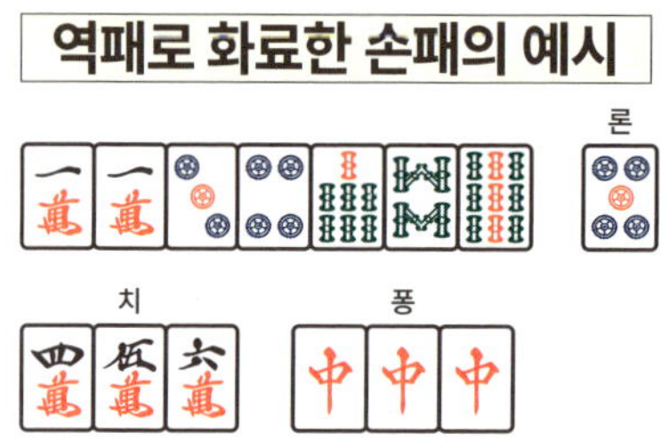

어떠신가요? 모든 역을 외우긴 힘들어도 이 두 가지는 외울 수 있을 것 같지 않나요? 처음엔 리치와 역패 두 개의 역으로 화료하는 걸 목표로 하고, 마작에 대해 더욱 깊이 알고 싶어졌을 때 다른 역을 외우길 추천합니다.

한판역

[탕야오(단요구)]
断么九

2~8패만을 사용해 화료하면 성립하는 역

[핑후]
平和★

멘쯔가 전부 슌쯔, 또이쯔가 역패 이외, 대기패가 양면일 때 성립하는 역

[역패]
役牌

삼원패, 장풍패, 자풍패 중 하나를 3개 이상 모았을 때 성립하는 역

[이페코(일배구)]
一盃口★

같은 슌쯔를 2개 만들면 성립하는 역

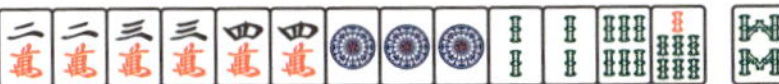

[리치]
立直★

텐파이 때 「리치」를 선언하고 1,000점 봉을 공탁하여 성립하는 역. 일발과 뒷도라의 장점이 있지만 선언 후엔 손패를 바꿀 수 없다.

★는 멘젠 한정

[해저로월 / 하저로어]
海底摸月 (河底撈魚)

해저패(국의 마지막이 되는 패)로 쯔모 화료를 하면 성립하는 역. 하저패(국의 마지막 버림패)로 론 화료를 하면 하저로어라는 역이 된다.

[창깡]
槍槓

타가가 가깡을 선언한 패로 화료하면 성립하는 역.

[영상개화]
嶺上開花

깡을 했을 때 받는 영상패로 쯔모 화료를 하면 성립하는 역.

[멘젠쯔모]
門前自摸★

울지 않고 멘젠으로 텐파이한 상태에서 쯔모 화료하면 성립하는 역.

두판역

[또이또이(대대화)]
対々和

멘쯔를 커쯔만으로 만들면 성립하는 역.

[치또이쯔(칠대자)]
七対子★

또이쯔를 7쌍 모으면 성립하는 역.

[찬타(혼전대요구)]
混全帯么九

모든 멘쯔와 또이쯔에 수패 1·9나 자패가 포함되면 성립하는 역. 울면 한판.

[삼색동순]
三色同順

3종류의 수패에서 똑같은 숫자의 슌쯔를 3쌍 만들면 성립하는 역. 울면 한판.

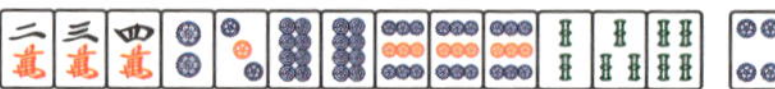

[삼색동각]
三色同刻

3종류의 수패에서 똑같은 숫자 커쯔를 3쌍 만들면 성립하는 역.

[일기통관]
一気通貫

한 종류의 수패로 123, 456, 789 3개의 슌쯔를 모으면 성립하는 역. 울면 한판.

[산안커(삼암각)]
三暗刻

안커를 3개 만들면 성립하는 역.

[산깡쯔(삼공자)]
三槓子

깡쯔를 3개 만들면 성립하는 역.

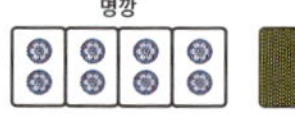

[소삼원]
小三元

□ ▥ 中 중 어느 하나를 또이쯔로, 나머지 2개를 커쯔로 화료하면 성립하는 역.

[혼노두]
混老頭

수패 1·9와 자패만을 모으면 성립하는 역. 반드시 또이또이나 치또이쯔와 복합한다.

[더블리치]
ダブル立直★

울지 않은 1순에 리치를 선언하면 성립하는 역.

[혼일색]
混一色

수패 중 어느 한 종류와 자패만을 사용해서 화료하면 성립하는 역. 울면 두판.

[준찬타(순전대요구)]
純全帯么九

모든 멘쯔와 또이쯔가 수패 1·9를 포함하고 또이또이 모양이 아니면 성립한다. 울면 두판.

[량페코(이배구)]
二盃口★

이페코를 2쌍 만들면 성립하는 역.

[청일색]
清一色

수패 중 어느 한 종류만을 사용해서 화료하면 성립하는 역. 울면 다섯판.

[국사무쌍]
国士無双★

수패 중 1・9패와 자패를 전부 모으고, 그 중 하나를 또이쯔로 화료하면 성립하는 역만.

[자일색]
字一色

자패만 사용해서 화료하면 성립하는 역만.

[구련보등]
九蓮宝燈★

수패 중 어느 한 종류를 사용해서 1과 9를 3개씩, 2~8을 1개씩 모으고 그중 하나를 1개 더 모아 화료하면 성립하는 역만.

[녹일색]
緑一色

 만을 사용해서 화료하면 성립하는 역만.

[청노두]
清老頭

수패의 1과 9만을 사용해서 또이또이 모양을 만들면 성립하는 역만.

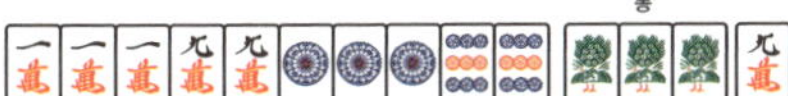

[스안커(사암각)]
四暗刻★

안커를 4개 만들어 화료하면 성립하는 역만.

[대삼원]
大三元

 을 전부 커쯔로 만들어 화료하면 성립하는 역만.

[사희화]
四喜和

네 종류의 풍패를 전부 사용해서 화료하면 성립하는 역만.

[스깡쯔(사공자)]
四槓子

깡쯔를 4개 만들어 화료하면 성립하는 역만.

[천화 / 지화]
天和（地和）★

친이 배패(1순에 쯔모)로 화료하면 성립하는 역만. 자의 경우는 지화(도중에 누군가가 울기를 하면 성립하지 않음).

공격의 기본은 리치

리치는 공격의 기본이 되는 역입니다. 텐파이를 선언하고 1,000점봉을 공탁해야 합니다만, 어떤 모양이든「리치」라는 역이 붙기 때문에 화료할 수 있습니다.

게다가 스스로 오름패를 쯔모하면「멘젠쯔모」, 1순 이내에 화료하면「일발」, 화료했을 때에도「뒷도라」라는 역이 붙을 수도 있으므로 생각지 못한 고타점 화료가 되는 때도 있습니다.

인터넷에서 마작을 처음 접해본 분들은 일단 화면에 퐁·치가 떠서 눌러봤더니「역 없음」이라고 표시되어 화료하지 못했던 경험을 하신 분들도 계실 겁니다. 이건 마작에서 화료를 하는 데 필요한「역」이 없었기 때문입니다.

그런 점에서 리치는 선언만 하면 역이 되므로 리치를 배우면 이런「역 없음」이 되는 일은 절대 없을 겁니다.

예를 들어 이런 텐파이를 했을 때도 망설이지 말고 리치를 선언하도록 합시다.

대기는 하나지만 리치를 선언함으로써 역이 생기고 타가가 버린 으로 화료할 수 있다는 큰 장점이 있습니다.

멘젠에서 텐파이를 하면 망설이지 말고 리치를 선언합시다.

리치 선언은 두렵지 않다!

공격의 기본이 되는 역「리치」가 얼마나 강한지 소개해드렸습니다. 그러나 리치를 선언하는 데 거부감이 있는 분도 계시지 않을까요.

예를 들어 "리치 선언 후 위험패를 가지고 와서 버렸다가 방총하기 싫으니까 다마텐으로 할래."라는 분도 계시겠죠. 물론 이런 생각도 합당하긴 하지만, **「다마텐을 함으로써 위험패를 버리지 않을 수 있다」라는 장점을 활용할 수 있는 사람은 상대의 오름패를 정확하게 읽고 막을 수 있는 초상급자 작사뿐입니다.**

갓 마작을 배운 작사가 이 기술을 실천하려고 해도 오히려 예상이 빗나간 패를 버려서 본인의 텐파이를 무너뜨리고 화료할 기회를 놓치는 분이 훨씬 많을 겁니다.

리치를 많이 선언하고 화료할 기회를 한 번이라도 많이 얻는 게 공격의 기본이라는 사실을 기억해둡시다.

혹은 리치에 "텐파이를 선언하면 타가가 경계해서 오름패를 버리지 않을지도 몰라."라는 부정적인 이미지를 가진 분이 계실지도 모릅니다. 그러나 타가를 경계하게 만드는 건 커다란 긍정적인 측면도 있습니다.

그 이유는 다른 세 사람이 손패를 망치면서 수비를 한다면 남은 건 여러분이 쯔모 화료를 하거나 혼자 텐파이 상태로 유국이 되거나 둘 중 하나의 결과를 맞이하기 때문입니다. 어느 쪽이든 점수봉을 받는 건 여러분밖에 없습니다.

리치를 선언한 후 다들 단단히 수비해서 화료할 수 없다고 생각하실 수도 있습니다. 하지만 직접 패산에서 오름패를 쯔모하는 상황이 오면 실은 그야말로 리치를 선언한 사람에게 있어 이상적인 상황이라고 할 수 있습니다.

계속 리치를 선언하면 그만큼 타가를 수비 태세로 만들 수 있으니 상급자 상대로도 유효한 전술입니다.

그 외에는 "다마텐으로 재빠르게 화료하는 게 어쩐지 멋있어."라는 이유에서 리치를 선언하지 않는 작사도 있습니다. **하지만 저는 리치를 선언하고 고타점으로 화료하는 게 더 멋있어! 라고 외치고 싶습니다.** 인상적인 화료를 보여주는 것도 멋있지만 가장 멋있는 건 역시 큰 점수 차로 1위를 차지하는 겁니다. 그리고 큰 점수 차로 1위를 하기 위해선 리치 선언으로 인한 타점 상승이 불가결합니다.

텐파이하면 우선 리치를 실천할 수 있게 되면 다마텐을 한 후에 바로 쯔모를 해서 "리치를 선언했다면 멋있게 일발 쯔모를 할 수 있었는데……."라고 후회하는 일도 없겠죠.

리치는 가장 처음에 배우는 기본 역이면서 다양한 장점을 겸비한 굉장히 강한 역입니다. 마치 야구의 직구, 가라테의 정권 찌르기처럼 잘 단련하면 그 기술 하나로 승부할 수 있는 필살기라고도 할 수 있는 역입니다.

멘젠에서 텐파이하면 우선 리치를 선언해봅시다.

자패와 노두패부터 버리자

타점이 크게 오르고 타가를 수비 태세로 만들 수 있는 리치의 장점을 이해하셨나요? 당신도 분명 리치를 선언하고 싶어지셨을 겁니다!

그럼 실제로 리치를 잔뜩 선언하기 위해선 어떻게 패를 진행해야 할까요.

리치를 선언하기 위한 대전제로「**멘젠 상태여야만 한다**」라는 조건이 있습니다. 멘젠이란 퐁·치 등을 하지 않은 상태를 가리킵니다. 일단 리치를 선언하기 위해서는 퐁·치를 하지 않는 게 조건이라고 기억해두세요(「퐁」·「치」를 해서 화료하는 방법에 대해서는 제2장에서 설명하겠습니다. 지금은 화면에 표시된 버튼을 누르고 싶은 마음을 잠시 참아봅시다).

리치를 선언하기 위한 기본적인 흐름은 아래와 같습니다.

① 한 개만 있는 자패를 버린다.

↓

② 자패를 다 버렸으면 고립한 노두패를 버린다.

↓

③ 고립한 노두패를 다 버렸으면 연결되지 않은 패를
버린다.

↓

④ 리치를 선언할 수 있을 때까지 위의 과정을 반복한다.

각각 순서대로 설명하겠습니다.

① 한 개만 있는 자패를 버린다.

수패는 슌쯔로든 커쯔로든 쓸 수 있습니다.

예를 들어 5라는 수패는「3·4」,「4·6」,「6·7」,「5·5」중
하나를 모으면 멘쯔가 완성됩니다.

그러나 자패는 같은 패를 가져오지 않으면 쓸 수 없습니
다. 🀄가 1개 있을 때 멘쯔를 완성하려면「🀄·🀄」를 가져와야
만 합니다. 1개밖에 없는 자패는 리치를 목표로 할 때 가장
가치가 낮은 패이니 가장 먼저 버립시다.

※슌쯔… 숫자가 순서대로 3개 늘어선 멘쯔
※커쯔… 같은 패 3개를 모은 멘쯔

② 자패를 다 버렸으면 고립한 노두패를 버린다.

수패는 3~7패가 가장 가치가 높고 1과 9처럼 끝으로 갈수록 가치가 떨어집니다.

5패는 「3・4」, 「4・6」, 「6・7」, 「5・5」 네 가지 중 하나를 모으면 멘쯔가 완성되는 데 비해 1패는 「2・3」, 「1・1」 두 가지 중 하나를 모아야만 멘쯔가 완성됩니다.

2패로 멘쯔를 만들 수 있는 건 「1・3」, 「3・4」, 「2・2」 세 가지로 이 역시 5패보다 경우의 수가 적습니다.

덩그러니 혼자 있는 고립한 패를 버릴 땐 우선 노두패부터 버리면서 「패를 안쪽으로 모은다」를 유념합시다.

③ 고립한 노두패를 다 버렸으면 연결되지 않은 패를 버린다.

〔패〕〔패〕이라는 모양은 〔패〕이나 〔패〕이 들어오면 멘쯔가 1개 완성됩니다. 〔패〕〔패〕이라는 모양도 〔패〕이 들어오면 멘쯔가 완성됩니다. 이런 "앞으로 패가 하나만 들어오면 멘쯔가 완성돼!"라는 모양을 타쯔라고 부릅니다. 타쯔는 고립패보다도 멘쯔가 되기 쉬우니 고립한 패보다 소중하게 아껴야 합니다.

〔패〕〔패〕〔패〕〔패〕과 같은 모양을 연속형이라고 부릅니다. 이런 모양의 〔패〕〔패〕은 덩그러니 고립한 〔패〕〔패〕보다 멘쯔가 되기 쉬운 패입니다. 고립한 〔패〕으로 멘쯔를 만들려면 「패・패」, 「패・패」, 「패

·[패], 「[패]·[패]」 네 종류 중 하나를 가져와야 하지만, 연결된 [패] [三四五]으로 멘쯔 2개(이미 멘쯔 1개를 완성했으니 2개를 만들 수 있습니다)를 만들려면 「[패]·[패]」. 「[패]·[패]」. 「[三]·[四]」, 「[四]·[패]」, 「[패]·[패]」 ,「[패]·[패]」, 「[패]·[패]」 일곱 종류 중 하나를 가져오면 됩니다.

　「패는 연결된 부분을 남긴다」를 기억해두면 실전에서도 쓰기 편할 겁니다.

고립한 으로 만들 수 있는 멘쯔는 네 종류뿐

으로 만들 수 있는 멘쯔는 일곱 종류나 있다

동1국 남가 2순 도라 西

어떤 패를 버려야 할까요?

문제.1

문제.2

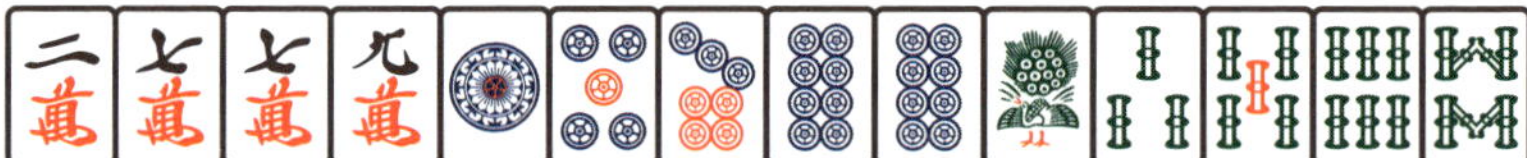

정답.1

고립한 자패부터 버립시다.

은 을 가져왔을 때 만수패로 연속형을 만들 수 있습니다. 도 , 을 가져와서 멘쯔를 완성할 수 있으니 보다 가치가 높은 패입니다.

정답.2

고립한 패는 과 이 있습니다만, 노두패인 을 버립시다.

을 남겨두면 을 가져왔을 때 이라는 강한 모양을 만들 수 있습니다.

동1국 남가 2순 도라 🀂

어떤 패를 버려야 할까요?

문제.3

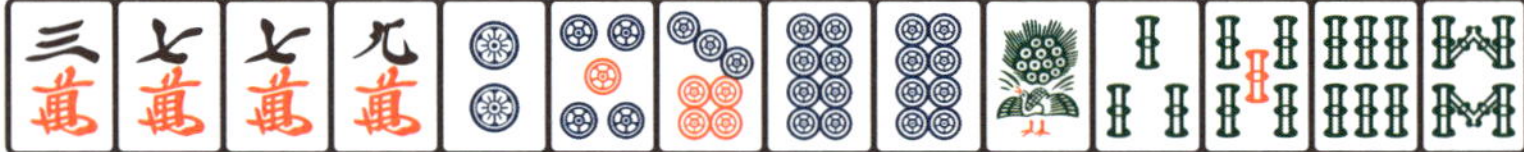

문제.4

정답.3

고립한 패는 三만과 통입니다. 노두패에 가까운 통을 버립시다.
「패를 안쪽으로 모은다」가 조패의 기본입니다.

정답.4

만수패는 三四五로 멘쯔를 1개 완성했고, 三이 남는 것처럼 보일지도 모릅니다.
그러나 연속형은 고립한 패보다 강한 모양입니다.
달리 고립한 패가 있을 땐 그쪽을 먼저 버립시다.

자패를 퐁 당하는 건
나쁜 일이 아니다

이전 항목에서 고립한 자패를 제일 먼저 버리는 게 중요하다고 말씀드렸습니다. 하지만 마작을 갓 시작한 분 중에는 자패를 잘 버리지 않고 손안에 가지고 있는 분도 계십니다.

그 이유를 여쭤보니 "타가에게 퐁을 당하고 싶지 않아서."라는 대답이 종종 돌아왔습니다. 물론 패를 버렸을 때「퐁」이라는 말이 들리면 놀라기도 하고 내 실수를 꾸짖는 것 같은 기분이 들 수도 있습니다.

그러나 퐁을 당하는 건 사실 그렇게까지 나쁜 일은 아닙니다.

마작은 론, 혹은 쯔모라고 말했을 때만 점수를 지불하는 게임입니다.「퐁」이라고 말했을 땐 상대의 손패가 한 걸음 앞으로 나아가긴 하지만 **"론이라는 말을 듣기 전에 미리 처리했어. 난 운이 좋아!"**라고 생각하는 게 좋습니다.

또한 자패는 후반으로 남겨두면 남겨둘수록 타가에게 퐁

을 당할 확률이 상승합니다. 자패를 버리지 않는 동안 1순에는 1개밖에 없었는데 2순이나 3순에 몇 개가 더 들어오게 되고, 드디어 자패를 버렸을 때 퐁을 당하는 때도 종종 있습니다.

자패를 빨리 버리는 건 타가의 울기를 막는 효과도 있습니다.

양면 타쯔를 소중히 여기자

리치를 목표로 하기 위해 앞으로 패가 하나만 더 들어오면 멘쯔가 완성되는 「**타쯔**」를 소중히 여기라고 설명했습니다. 그런데 가끔은 여러 개의 타쯔 중 하나를 골라 버려야만 하는 순간이 있습니다.

현재 상황에서 멘쯔 2개와 또이쯔 1개가 완성되었고, 앞으로 멘쯔 2개를 완성하면 화료할 수 있습니다. 그런데 멘쯔 후보인 타쯔가

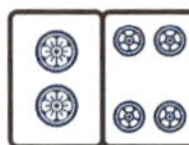

세 가지가 손안에 남아있습니다. 이 중 타쯔를 하나 버려야만 합니다.

이 세 가지 타쯔에는 각각 이름이 있습니다.

🀋🀌: 🀊이나 🀍이 들어오면 완성되는 **양면**

🀛🀝: 🀜이 들어오면 멘쯔가 완성되는,

　　　가운데가 빈 모양의 **간짱**

🀐🀑: 🀒이 들어오면 완성되는, 한쪽이 막힌 **변짱**

이 모양들은

양면>간짱>변짱

의 우선순위로 남기는 게 기본입니다.

양면 대기는 멘쯔가 완성되는 패의 개수가 많으니 다른 대기보다 좋습니다.

간짱 대기와 변짱 대기는 둘 다 대기패의 개수는 1개지만 간짱 대기는 하나 옆의 패(🀛🀝이라면 🀙)을 가져오면 양면으로 변화하기 때문에 변짱보다 강한 타쯔입니다. 변짱 대기는 좋은 대기로 변화할 수 없으니 가장 약한 타쯔입니다.

변짱보다는 간짱, 간짱보다는 양면을 남기길 유념합시다.

또한 🀆🀆처럼 똑같은 패 2개가 있는 타쯔는 또이쯔라고 부릅니다.

연 습 문 제

동1국 남가 2순 도라 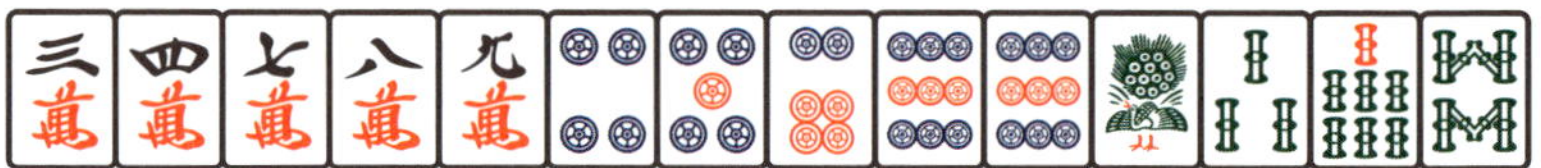

어떤 패를 버려야 할까요?

문제.1 三四萬, 竹, 萬 중 어떤 타쯔를 버려야 할까요?

문제.2 一二萬, 筒, 索 중 어떤 타쯔를 버려야 할까요?

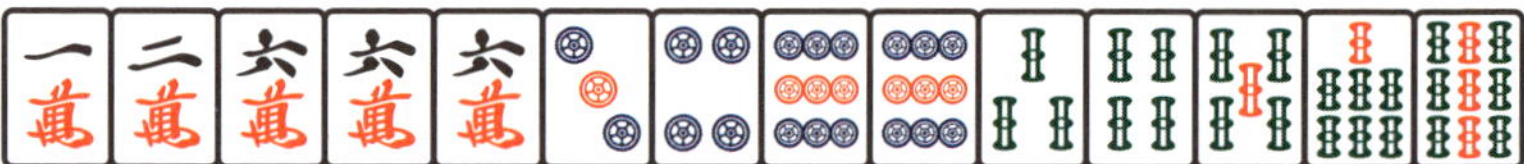

정답.1

간짱인 을 버립시다. 나머지 2개의 타쯔는 둘 다 양면이라 보다 강한 모양입니다.

정답.2

변짱인 을 버립시다. 은 양면, 은 간짱이니 이 가장 약한 타쯔입니다.

5블록 타법으로 리치를 늘리자

이전 항목에서

이라는 멘쯔 후보가 5개 있는 모양에서 가장 약한 타쯔를 버리는 연습을 했습니다.

이처럼 마작에서 화료를 하기 위해서는 4개의 멘쯔와 1개의 또이쯔가 필요합니다.

그리고 멘쯔·또이쯔 후보를 각각 「1블록」으로 세면서 조패 단계부터 「블록」을 5개 만드는 타법을 「**5블록 타법**」이라고 합니다.

이 타법을 익히면 텐파이 효율을 높이고 더욱 빨리 리치를 선언할 수 있습니다.

뭘 버려도 괜찮아 보이는 손패입니다. 여기에서 「5블록 타법」을 써봅시다.

우선 블록을 세어보면

6개의 블록이 있습니다. 이럴 땐 가장 약한 블록을 버려서 5블록을 만들어봅시다. 이 경우엔 변짱인 을 버리는 게 정답입니다.

5블록 타법의 장점은 이샨텐(텐파이까지 앞으로 한 걸음 남은 상태)일 때 굉장히 강한 모양이 남는다는 점입니다.

조금 전의 손패를 보고

"을 버려서 양면을 고정하는 게 을 가져와도 쓸 수 있는 만큼 좋지 않을까?"라고 생각한 분도 계실 겁니다. 하지만 이 이후 을 가져와서 손패가 진행되었을 때의 모양을 비교해보면

5블록을 만들기 위해 「█버리기」 후 □을 쯔모한 경우

5블록을 만들지 않고 「█버리기」 후 □을 쯔모한 경우

5블록 타법에 따라 █을 버리면 █이 남아있기 때문에 █이나 █을 가져와도 손패가 진행되는 강한 모양이 됩니다. 그러나 5블록 타법에 따르지 않고 █을 버린 분도 결국 이후에 █을 버려야만 한다는 사실을 깨달으셨나요.

이처럼 5블록 타법은 한 수 나아갔을 때 강한 모양이 남는 커다란 장점이 있습니다. 마작은 산샨텐에서 량샨텐, 량샨텐에서 이샨텐으로 텐파이에 가까워짐에 따라 유효패의 종류가 줄어드는 게임입니다.

"텐파이까지 앞으로 한 걸음 남은 곳까지 왔는데 패 하나가 잘 나오지 않네."라는 건 모두가 경험한 적이 있을 겁니다. 5블록 타법을 실천해서 유효패를 넓힐 수 있게 되면 그런 초조한 시간을 크게 단축할 수 있을 겁니다.

또한 변짱인 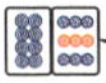 을 과 중 어떤 것부터 먼저 버려야 하는가에 대해서는「안쪽에 있는 패일수록 나중에 위험하므로 쓰지 않는 패는 되도록 안쪽부터 먼저 버린다」라는 규칙에 따라 부터 먼저 버리는 게 좋습니다(자세한 내용은 나중에 설명하겠습니다).

동1국 남가 2순 도라 西

어떤 패를 버려서 5블록을 만들까요?

문제.1

문제.2

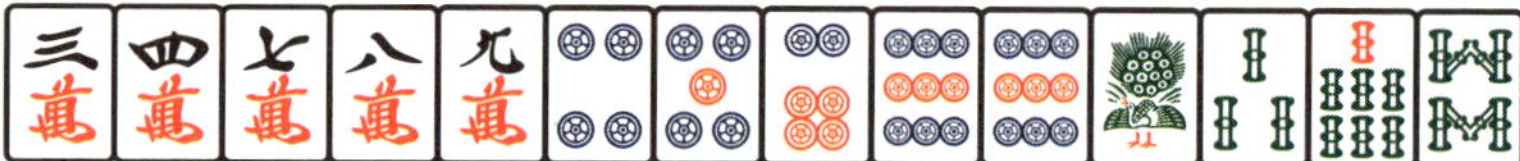

정답.1

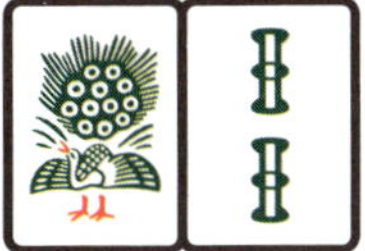

손안에 6블록이 있으니 변짱인 ▨을 버립시다. ▨을 버리면 ▨이나 ▨▨을 가져온 후 결국 ▨을 버려야 하므로 유효패가 좁아집니다.

정답.2

6블록이 있으니 간짱인 ▨을 버립시다. 나머지 2개의 타쯔는 둘 다 양면이라 ▨보다 강한 모양입니다.

동1국 남가 2순 도라 囲

어떤 패를 버려서 5블록을 만들까요?

문제.3

문제.4

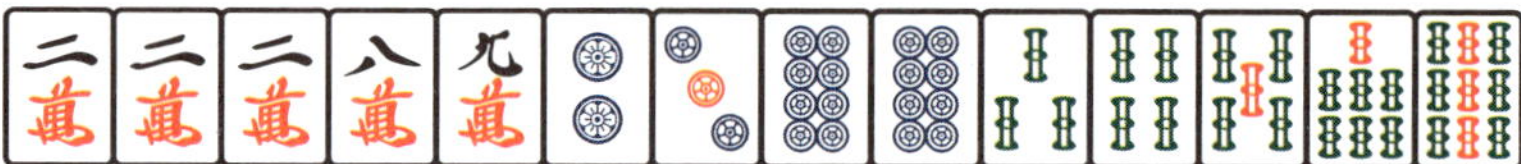

정답.3

간짱은 변짱보다 강한 타쯔이지만 다른 타쯔가 전부 양면 혹은 양면의 한쪽이 또이쯔가 되는 더욱 강한 모양입니다. 손안에서 가장 약한 것을 버립시다.

정답.4

변짱인 것을 버립시다. 은 양면, 은 간짱이라 이 가장 약한 타쯔입니다.

뭘 버리면 손패가 진행될지 생각하자

5블록 타법을 실천해서 텐파이가 가까워졌을 때 효율 높게 텐파이를 목표로 하기 위해 중요한 점은「어떤 패를 가져와야 손패가 진행되는지 생각하면서 할 것」입니다.

예를 들어 이런 이샨텐이 되었습니다.

무엇을 가져오면 텐파이할까요?

정답은 5종류의 패입니다(이해되지 않는 분은 각 패를 쯔모한 후의 모양을 생각해봅시다).

그럼 여기에서 을 쯔모했습니다.

뭘 버려야 가장 유효패 수가 많은 이샨텐이 될까요?

정답은 🀅입니다. 🀈을 가져옴으로써 만수패에 🀏🀐이라는 양면 대기가 생기고, 🀫을 또이쯔로 씀으로써 🀙, 🀚, 🀛, 🀝, 🀞, 🀟 6종류의 패로 텐파이할 수 있게 되어 유효패 수가 더욱 늘어납니다.

이샨텐에서 텐파이를 할 때까진 시간이 오래 걸립니다.

앞으로 패 하나가 나오면 리치를 선언할 수 있는데 그 패 하나가 잘 안 나오네, 하는 경험은 누구에게나 있지 않을까요. 그 초조한 시간을 줄이기 위해 중요한 게 이샨텐일 때 유효패 개수가 늘어나는 선택을 하는 것입니다.

조금 전의 예시로 말하자면 첫 손패는 유효패가 5종류였지만 🀈을 가져오고 🀅을 버림으로서 유효패가 6종류로 늘어났습니다. 이샨텐인 그대로이지만 더욱 텐파이하기 쉬운 모양이 되었죠.

이처럼 텐파이가 가까워졌을 때 무엇을 가져오면 손패가 나아갈지 생각하면서 마작을 하면 텐파이 속도를 단축할 수 있습니다.

또한 유효패의 종류를 세기 어려울 땐 우라메가 된 패의 수를 비교하는 것도 최적의 타패를 끌어낼 수 있습니다.

조금 전의 손패를 예로 들면

八萬을 버린 경우… 우라메가 되는(八萬을 버림으로써 다시 가져
와도 쓸 수 없어진 패) 패는 六萬과 九萬 2종류
中을 버린 경우… 우라메가 되는 패는 八索 1종류

中을 버렸을 때가 우라메가 되는 패의 종류가 하나 적으니 中을 버리는 게 유효패를 늘리는 방법이라는 사실을 알 수 있습니다.

우라메가 적은 타패를 유념하면 자연스레 유효패 수가 넓은 패를 선택할 수 있게 될 겁니다.

리치를 많이 선언하기 위해서

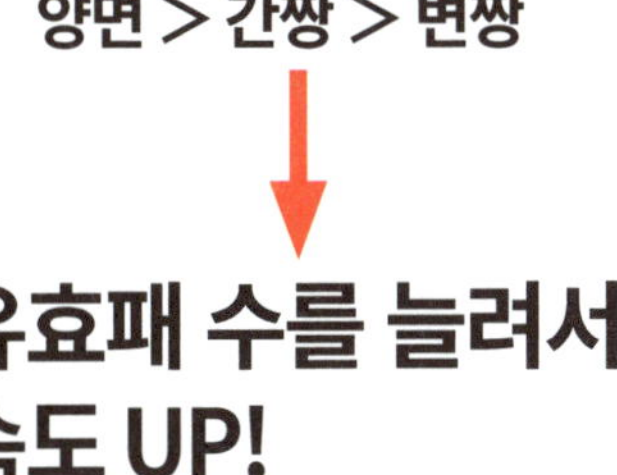

유효패 수를 늘려서
속도 UP!

동1국 남가 2순 도라 

어떤 패를 버려야 할까요?

문제.1

쯔모

문제.2

쯔모

간짱인 과 의 유효패가 남은 이샨텐에서 을 쯔모했습니다.
을 버리고 또이쯔를 만들면 의 통수패를 양면으로 쓸 수 있습니다.

또이쯔로 만들려던 이 안커가 되었습니다. 이렇게 되었을 땐 완성된 멘쯔를 우선시합시다.
을 버리면 , 으로 텐파이하는 넓은 이샨텐이 됩니다. 과 을 가져오면 을 하나 버리고 또이쯔로 써서 리치를 선언할 수도 있습니다.

동1국 남가 2순 도라 ⻄

어떤 패를 버려야 할까요?

문제.3

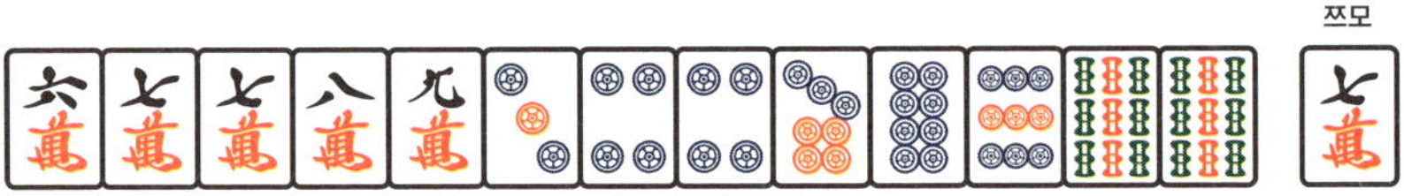

쯔모

문제.4

쯔모

정답.3

쯔모기리

이 안커가 된 것처럼 보이지만 이 을 남겨둬서 늘어나는 유효패는 남은 4개째 을 하나 더 가져 왔을 때뿐입니다. 과 으로 나누면 만수 패는 이 5개만으로 충분히 2개의 멘쯔가 될 수 있 으니 3개째 은 쯔모기리를 합시다.

정답.4

을 가져옴으로써 삭수패로 + 의 멘쯔 1개와 또이쯔 1개가 완성되었습니다. 역을 좀 외 우셨다면 이페코(처럼 같은 슌쯔 2 쌍)라는 역을 노리고 싶으실 수도 있지만 공격의 기본은 리치입니다.

을 버리면 , , 을 가져와 리치를 선언할 수 있습니다.

약한 모양은 여유롭게 가지고 있자

지금까지 유효패 수가 넓어지도록 진행하면서 텐파이 속도를 더욱 빠르게 만드는 방법을 소개했습니다. 그럼 유효패 수가 똑같을 땐 어떻게 진행하는 게 좋을까요.

이샨텐 손패입니다. 유효패 수가 최대가 되는 타패는 ▦, ▦, ▦ 3개입니다. 이럴 땐 양면 대기 텐파이가 될 수 있도록 진행합시다.

▦을 버릴 경우

유효패는 ▦, ▦, ▦, ▦ 4종류고, 그중 ▦이나 ▦을 먼저 가져온다면 양면 대기로 리치를 선언할 수 있습니다.

그에 비해 ▦이나 ▦을 버리고 삭수패 간짱 대기를 남길 경우

양면 대기로 리치를 선언할 수 있는 건 유효패가 1종류밖에 없는 삭수패 간짱을 먼저 가져왔을 때뿐입니다. 유효패 수 자체에 차이는 없지만 양면 대기로 텐파이할 확률은 절반입니다.

양면 대기로 리치를 선언하면 패산에 남아있는 대기패 수가 많고, 그만큼 화료 확률도 올라갑니다. 그러기 위해 유효한 게 「약한 모양은 여유롭게 가지고 있자」라는 방법입니다.

예를 들어 █████ 같은 모양은 █을 하나 버려도 강한 양면 대기가 남습니다. 그에 비해 █████ 같은 모양(량칸이라고 부릅니다)은 █이나 █을 하나 버리면 간짱 대기가 고정되어 먼저 간짱을 가져오지 않는 한 최종적인 대기가 간짱 대기가 됩니다.

그 외에도 █████이나 █████처럼 하나를 버리면 간짱이나 변짱이 고정되는 모양은 되도록 그대로 남겨둡시다. 양면 텐파이 확률을 높여서 리치 성공률이 올라갈 겁니다.

동1국 남가 2순 도라 西

어떤 패를 버려야 할까요?

문제.1

문제.2

정답.1

강한 모양인 양면을 고정하고 약한 모양인 
(량칸)을 그대로 남겨둡시다.

이 먼저 들어오면 양면으로 리치를 선언할
수 있습니다.

정답.2

강한 모양인 양면을 고정하고 을 남겨둡
시다.

3종류의 쯔모가 들어오면 양면으로 리
치를 선언할 수 있습니다.

동1국 남가 2순 도라 西

어떤 패를 버려야 할까요?

문제.3

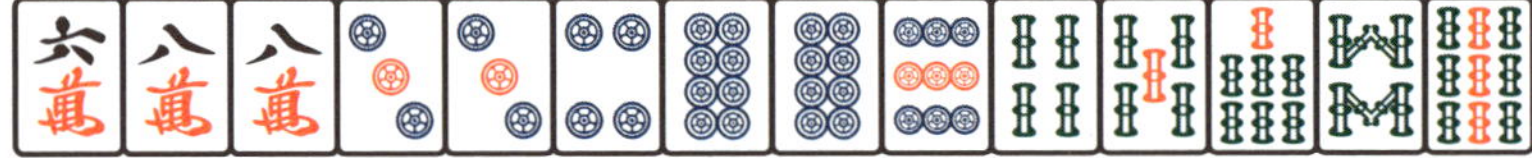

문제.4

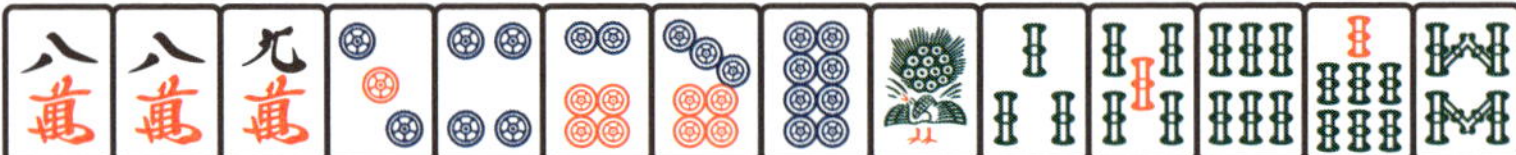

정답.3

량샨텐 문제입니다만 방법은 똑같습니다. 여기에서도 강한 모양인 양면을 고정하고 불안정한 과 을 그대로 남겨둡시다. 과 을 유효패로 남겨둘 수 있습니다.

정답.4

「약한 모양은 여유롭게 가지고 있자」라는 방법에 따르면 을 남겨두고 싶을지도 모릅니다만, 손패는 이미 과 의 유효패가 남은 이샨텐. 이 손패로 또이쯔 후보가 밖에 없으니 또이쯔를 고정합시다.

양면에서 리치를 하자

대기 모양엔 몇 가지 종류가 있습니다. 대표적인 모양으로는 간짱, 변짱, 샤보, 양면 4종류입니다.

각각 예시를 들어 소개하자면

이 들어오면 완성되는, 구멍이 뚫린 모양의 **간짱** 대기

이 들어오면 완성되는, 끝이 막힌 모양의 **변짱** 대기

이나 이 들어오면 완성되는, 또이쯔가 2개 있는 **샤보** 대기

이나 이 들어오면 완성되는 **양면 대기**

이 중에서 가장 강한 대기는 양면 대기입니다. 이유는 화료를 할 수 있는 패의 종류가 2종류이기 때문입니다. 샤보 대기도 똑같이 2종류의 패로 화료할 수 있는 모양입니다만 샤보 대기는 본인의 손안에 과 을 2개씩 가지고 있으므로 오름패가 최대 4개밖에 남지 않았습니다.

그에 비해 양면 대기는 도 도 본인이 가지고 있지 않기 때문에 오름패가 최대 8개나 남아있어서 다른 대기보다 화료하기 쉬운 모양입니다.

되도록 양면 대기로 리치를 선언합시다.

남가 / 도라

먼저 을 가져오고 싶었는데 을 가져와서 텐파이한 경우입니다.

을 버리고 양면으로 리치를 선언할지, 을 버리고 간짱으로 리치를 선언할지 선택할 수 있습니다.

이때도 양면으로 리치를 선언하길 우선시해서 을 버립시다. 화료했을 때의 타점은 조금 줄어들지만 대기를 넓게 만들어서 화료 확률이 올라간 만큼 기대치도 올라갑니다.

도라패를 버리는 건 아깝기도 하고, 만에 하나 타가가 울거나 론을 하면 어쩌지, 라고 생각하실 수도 있지만 양면 대기에는 그만큼 큰 가치가 있습니다. 가끔은 도라패를 버리더라도 양면 대기 리치를 많이 선언할 수 있도록 노력합시다.

이건 이하와 같은 텐파이를 했을 때도 마찬가지입니다.

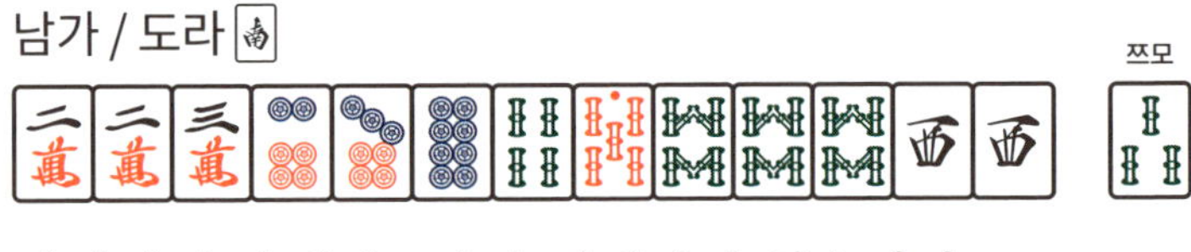

여기에선 아래의 2가지 선택지가 있습니다.

- 을 버리고 양면 대기로 리치
- 을 버리고 샤보 대기로 리치

이번엔 타점 차이는 없습니다만 샤보 대기 리치를 했을 때의 대기패는 과 인 자패 대기입니다. 이건 타가의 버림패로 화료를 노리기 쉬운 대기입니다. 상대의 허를 찌르는 작전을 좋아하는 분은 을 버리실 수도 있습니다. 하지만 이번에도 정답은 을 버리고 양면 대기를 선택하는 것입니다.

▩을 버리고 리치를 선언하면 주위가 수비 태세로 전환한다면 좋겠지만 추격 리치를 받으면 그 순간 약해집니다. 샤보 대기 리치는 최대 대기패가 4개밖에 남지 않았기 때문에 경쟁 상태가 되었을 때 불리합니다.

또한 론을 노리는 건「멘젠쯔모」한판이 붙지 않기 때문에 타점 면에서도 양면 리치보다 낮은 국면이 많습니다.

「유효패 개수가 많은 대기를 선택해서 쯔모 화료 확률을 높인다」가 공격의 정석이라는 사실을 기억해둡시다.

동1국 남가 2순 도라 

어떤 패를 버리고 리치를 선언할까요?

문제.1

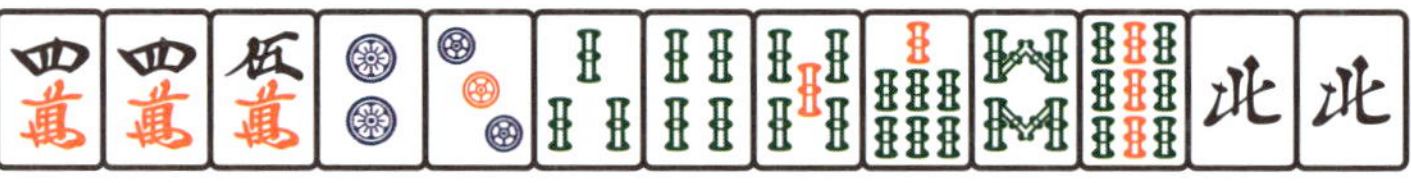

문제.2

정답.1

四萬을 버리면 三筒六筒 대기, 五萬을 버리면 四萬과 南이 대기인 리치를 선언할 수 있습니다.
자패 대기가 어쩐지 멋있어 보여서 五萬을 버리고 싶은 분도 계실 수 있겠지만, 리치의 기본은 유효패 개수가 많아 화료하기 쉬운 대기를 만드는 것입니다. 四萬을 버리고 三筒六筒 대기인 양면으로 대기합시다.

정답.2

모양이 조금 복잡하지만 八萬을 버리면 만수패는 四萬五萬+五萬六萬七萬이라는 양면 대기+슌쯔 1개인 모양이 됩니다. 슌쯔에 양면 대기가 붙으면 언뜻 보기에 어디가 대기가 되는지 알아보기 힘든데요. 완성한 슌쯔 부분을 떼어놓으면 훨씬 알아보기 쉽습니다.

동1국 남가 2순 도라 

어떤 패를 버리고 리치를 선언할까요?

문제.3

문제.4

정답.3

을 쯔모해서 네 번째 멘쯔가 완성되었습니다. 이렇게 되면 이나 을 버려서 단기 대기를 하는 수밖에 없어…… 라고 생각하실 수도 있지만 안 커인 을 1개 버려서 또이쯔로 만들 수도 있습니다. 을 하나 버림으로써 대기의 양면 대기를 만들 수 있습니다. 또이쯔가 없어도 안커가 있을 땐 안커를 1개 버려서 또이쯔로 만드는 방법도 있다는 걸 기억해둡시다.

정답.4

굉장히 어려운 문제입니다. 바로 대답하신 분은 정말 대단하네요! 이 4개 있는 복잡한 모양이지만 을 버리면 만수패는 + 의 양면+안커 1개인 모양이 됩니다. 을 깡 할 수도 있지만 그 경우엔 대기가 과 인 샤보 대기가 됩니다. 여기선 양면 대기로 리치를 선언하는 걸 우선시해서 을 1개 버리고 리치를 선언하는 게 화료하기 쉽습니다.

양면보다 강한 다면장

양면은 일반적으로 가장 강한 대기이지만 실은 양면 대기보다 더욱 강한 히든 캐릭터 같은 대기가 있습니다. 그게 바로 다면장입니다.

우선 이 손패를 봐주세요.

만수패의 三四五六七 부분은

- 三四五 + 六七으로 보면 五八 대기
- 三四 + 五六七으로 보면 二五 대기

가 됩니다. 따라서 二, 五, 八 중 어떤 패가 나오든 화료할 수 있습니다.

이처럼 오름패가 3종류 이상 있는 대기를 다면장이라고 부릅니다(오름패가 3종류라면 삼면장, 4종류라면 사면장이라고 부르는 경우도 있습니다).

이것도 등장 빈도가 높은 다면장입니다.

만수패의  부분은

- 三萬三萬 + 三萬四萬으로 보면 二萬五萬 대기
- 三萬三萬三萬 + 四萬으로 보면 四萬 대기

가 되어 二萬, 四萬, 五萬으로 화료할 수 있습니다.

이건 또이쯔가 없으므로

- 三萬三萬四萬과 五萬六萬七萬을 멘쯔로 보면 一萬 단기 대기
- 一萬二萬三萬과 五萬六萬七萬을 멘쯔로 보면 四萬 단기 대기
- 一萬二萬三萬과 四萬五萬六萬을 멘쯔로 보면 七萬 단기 대기로

一萬, 四萬, 七萬이 오름패가 되는 다면장입니다.

다면장을 만들기 위해서는 어느 정도 운에 달린 문제라 양면 대기와 비교하면 실제로 볼 수 있는 기회는 많지 않습니다. 하지만 다면장 텐파이를 했을 때 오름패를 몰라보지 않도록 대표적인 상기 3가지 모양을 기억해두고 실전에서도 대응할 수 있도록 노력합시다.

동1국 남가 2순 도라 🀂

무슨 대기일까요?

문제.1

문제.2

정답.1

을 또이쯔로 보면 남은 부분은 .
따라서 대기의 삼면장.

정답.2

 부분을 제외하면 남은 부분은 .
따라서 대기의 삼면장.

동1국 남가 2순 도라 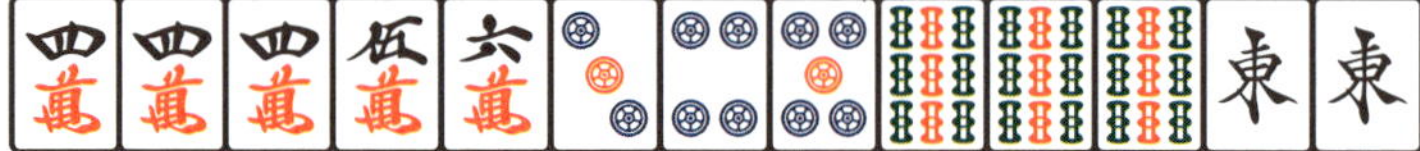

무슨 대기일까요?

문제.3

문제.4

정답.3

양면 대기와 샤보 대기가 복합한, 자주 볼 수 있는 다면 대기입니다. 七萬을 안커로 보면 四萬七萬 대기, 四萬 중 2개를 또이쯔로 보면 四萬과 東의 샤보 대기가 되므로 四萬七萬과 東 3종류의 패가 대기패가 됩니다.

정답.4

양면 대기와 단기 대기가 복합한, 이 역시 자주 볼 수 있는 다면장입니다. 六萬을 안커로 보면 六萬의 단기 대기, 四萬 중 2개를 또이쯔로 보면 四萬七萬의 양면 대기가 되므로 四萬六萬七萬 3종류의 패가 대기패가 됩니다.

동1국 남가 2순 도라 西

어떤 패를 버리고 리치를 선언할까요?

문제.5

쯔모

문제.6

쯔모

정답.5

을 버리면 의 삼면장, 을 버리면 , 대기의 아(亞)양면(양면의 한쪽이 또이쯔가 되는, 양면보다 조금 약한 대기)입니다.
삼면장은 아양면보다 강한 대기이니 을 버리고 유효패가 넓은 대기를 선택합시다.

정답.6

을 버리면 만수패는 의 삼면장 모양이 되어 , , 3종류의 패로 화료할 수 있습니다.
실수로 을 버리면 으로 화료할 수 없으니 삼면장은 모양을 기억하고 놓치지 않도록 조심합시다.

동1국 남가 2순 도라 

어떤 패를 버리고 리치를 선언할까요?

문제.7

문제.8

정답.7

을 버리면 만수패는 이 남습니다.

이건 부분을 떼어두면 의 삼면장이 남아 , , 3종류의 패로 화료할 수 있습니다.

패가 옆으로 길게 이어져 있어서 언뜻 보면 알아보기 힘든 모양이지만 실전에서도 가끔 나오는 모양이니 머릿속에 넣어둡시다.

정답.8

이것도 어려운 문제입니다. 이 모양을 처음 보고 바로 대답하셨다면 천재적인 센스의 소유자입니다.

을 버리면 과 의 샤보 대기, 을 버리면 , , 의 삼면장, 을 버리면 의 양면 대기가 됩니다. 유효패가 가장 넓은 삼면장이 되도록 을 버리는 게 정답입니다.

「쿳츠키 텐파이」는 3~7을 남기자

「쿳츠키 텐파이」란 이샨텐 중 하나입니다. 멘쯔 3개, 또이쯔 1개를 완성했고 나머지 1개의 블록을 고립패에 붙여서 만들어야 하는 모양을 가리킵니다.

예를 들어 이런 손패라면 이나 에 패를 붙여서 텐파이 할 수 있는 「쿳츠키 텐파이」 상태입니다. 이처럼 이름은 「쿳츠키 텐파이」라고 하지만 의미하는 바는 텐파이가 아니라 텐파이 한 걸음 전의 이샨텐 상태를 가리키는 용어입니다. 「쿳츠케바(붙여서 만들면) 텐파이」를 줄여서 「쿳츠키 텐파이」라고 부른다고 생각하면 외우기 쉽습니다.

이 「쿳츠키 텐파이」는 굉장히 좋은 모양입니다.

조금 전의 손패에서 텐파이할 수 있는 유효패는 과 의

쿳츠키, 즉 「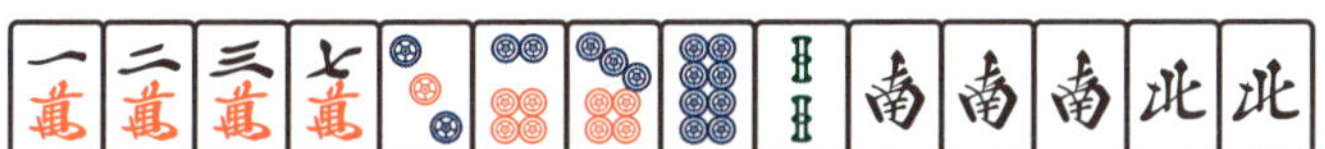만과 ~(과) 총 11종」입니다. 양면이 2개 남은 이샨텐의 유효패가 4종인 것과 비교하면 유효패의 범위가 얼마나 넓은지 떠올리기 쉬울 겁니다.

이렇게 강력한 쿳츠키 텐파이를 잘 활용하기 위해선 고립패를 비교할 줄 알아야 합니다. 붙일 수 있는 패의 종류가 더 많은 패를 골라 손안에 남겨둬서 텐파이 확률을 높입시다.

붙일 수 있는 패의 종류는 안쪽 패일수록 많으므로 3~7패>2·8패>1·9패 순서로 남겨두는 게 「쿳츠키 텐파이」의 기본입니다.

예를 들어 이런 쿳츠키 텐파이라면

- 에 붙일 수 있는 패는 ~ 5종
- 에 붙일 수 있는 패는 ~ 5종
- 에 붙일 수 있는 패는 ~ 4종

붙일 수 있는 패의 개수가 가장 적은 을 버리는 게 좋습니다.

또한 연결된 모양이 있는 경우엔 고립패보다 유효패의 종류가 늘어납니다.

3 4 5 6과 같은 「4연속」, 3 4 4 5와 같은 「나카부쿠레」, 3 3 4 5와 같은 「아양면」 등의 모양은 붙일 수 있는 패의 개수도 고립 수패보다 많으니 텐파이까지 소중하게 남겨둡시다.

이런 손패라면

도라 北

- 七에 붙는 패는 五~九 5종
- 一筒 二筒 三筒에 붙는 패는 一筒~七筒 7종
- 六索 七索 八索에 붙는 패는 四索~九索 6종

고립패인 七은 두 개의 연속형과 비교하면 붙일 수 있는 패의 개수가 적습니다. 따라서 이 경우엔 七을 버리는 게 정답입니다.

그리고 「쿳츠키 텐파이」를 잘 활용하는 비결이 또 하나 있습니다. 바로 「쿳츠키 텐파이」라는 사실을 깨닫는 것입니다.

어떤 패를 버려야 가장 텐파이하기 쉬울까요.

이 손패는 三을 또이쯔로 보면 一筒 二筒 三筒 · 六索 七索 八索 西 · 北 北 北으로

멘쯔가 3개 완성되었습니다. 즉 이 손패는 고립패를 붙여서 다섯 번째 블록을 만들어야 하는 「쿳츠키 텐파이」 상태라고 할 수 있습니다.

따라서 이 손패에서 🀁과 🀟과 🀍🀎🀏🀌 중 어느 패에 붙여야 좋을지 비교해보면 🀁을 버리는 게 유효패가 가장 넓은 선택입니다.

쿳츠키 텐파이인 이샨텐이 되면 「고립패 중에서 하나를 버린다」가 정답이 되지 않는 경우도 있습니다. 무엇을 가져와야만 텐파이할지 확실하게 생각해보고 유효패가 넓은 타패를 선택합시다.

동1국 남가 2순 도라 西

어떤 패를 버려야 가장 텐파이하기 쉬울까요?

문제.1

문제.2

정답.1

〔二萬〕을 또이쯔로 보면 〔三萬〕, 〔二筒〕, 〔索子〕 중 어딘가에 패를 붙여 다섯 번째 블록을 만드는 문제입니다. 노두패와 가장 가까운 〔三萬〕이 붙일 수 있는 패의 개수가 가장 적으니 〔三萬〕을 버립시다.

정답.2

〔三萬〕, 〔五萬〕, 〔二筒〕에 붙일 수 있는 패의 개수를 비교하는 문제입니다. 〔三萬〕과 〔二筒〕 자체의 유효패 개수에는 차이가 없지만, 본인이 〔五萬〕을 가지고 있기에 〔三萬〕이나 〔四萬〕은 〔三萬〕을 버린 후에 가져와도 쓸 수 있습니다. 따라서 〔五萬〕과 유효패가 겹치는 〔三萬〕은 버려도 손실이 거의 없습니다. 이처럼 고립패가 서로 가까이 있을 땐 유효패가 겹치는 만큼 약하다고 볼 수 있습니다.

동1국 남가 2순 도라 西

어떤 패를 버려야 가장 텐파이하기 쉬울까요?

문제.3

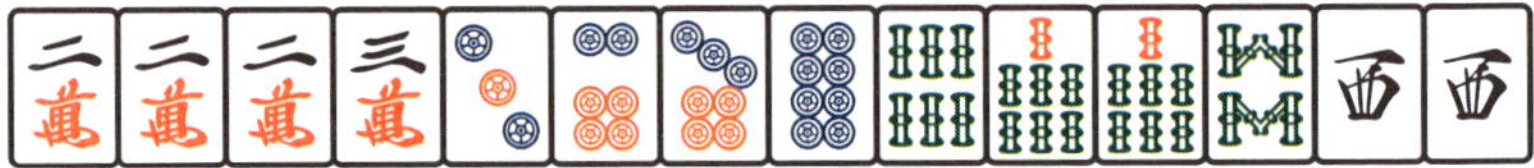

문제.4

정답.3

🀇🀇🀇, 🀡🀡🀡, 🀕🀖🀗, 🀂🀂로 멘쯔 3개와 또이쯔 1개가 완성되었으니 고립패로 나머지 다섯 번째 블록을 만드는 문제입니다. 강한 연속형인 🀕🀖🀗은 남겨두고 🀇과 🀡을 비교해야 합니다. 각각의 유효패 개수를 비교하면

🀇 : 🀇 ~ 🀋 5종 16개

🀡 : 🀙 ~ 🀝 5종 19개

본인이 손안에 🀇을 안커로 사용하고 있어서 🀇에 붙일 수 있는 패의 개수가 줄어들었습니다. 이처럼 쿳츠키 텐파이는 언뜻 보기엔 연결된 것처럼 보이는 부분보다 단독 고립패를 남겨두는 게 좋은 때도 있습니다.

정답.4

🀈, 🀉, 🀊에 붙일 수 있는 패의 개수를 비교하는 문제입니다.

「연결된 부분을 남긴다」라고 생각하면 🀊을 버리고 싶으실 수도 있지만, 쿳츠키 텐파이라는 사실을 깨달으셨다면 가장 바깥쪽에 위치해서 붙일 수 있는 패의 수가 적은 🀉을 선택하실 수 있을 겁니다.

「가로 연결」로 파워 업!

도라 北

二萬 四萬 伍萬 六萬 ⊙筒 ③筒 ⑧筒 ④筒 條 條 南 條 北 北

이런 쿳츠키 텐파이 이샨텐일 땐 三萬과 ⊙筒 중 어떤 패를 버리는 게 좋을까요. 둘 다 수패 2이지만 유효패 개수엔 차이가 있습니다. 여기에서 기억하실 사항이 「**슌쯔가 가까이 있는 패는 강하다**」라는 법칙입니다.

두 패의 유효패 수를 실제로 비교해봅시다.

	二萬 四萬 伍萬 六萬	⊙筒
삼면장이 되는 패	三萬	———————
양면이 되는 패	———————	③筒
간짱이 되는 패 (변짱·샤보는 똑같으니 생략)	四萬 七萬	④筒

슌쯔가 가까워서 파워 업!

이렇게 보면 일목요연하죠. 萬이 유효패가 많습니다. 삼면 장이 매력적인 건 물론이고 萬을 가져와도 간짱 대기가 되는 점도 혼자 고립한 筒에는 없는 강점입니다.

순쯔가 가까이 있는 패는 가로로 연결하기 쉬우므로 단독 고립패보다 강하다는 걸 기억합시다.

도라 萬

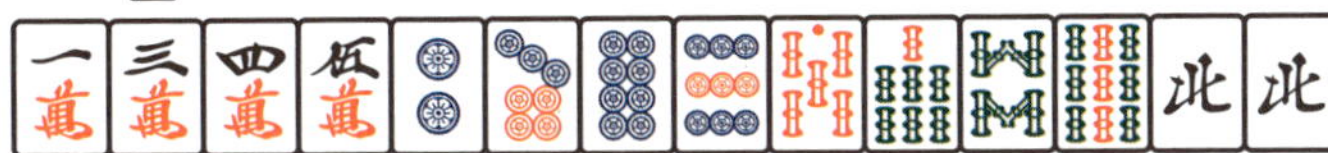

이어서 조금 전 만수 부분이 하나씩 아래로 엇나간 이 손 패는 어떨까요.

萬과 筒이라면 언뜻 보기에 萬이 유효패 수가 적게 보일 수 도 있습니다. 그러나 두 패의 유효패 개수를 확실하게 비교 해봅시다.

	一三四伍萬	筒
양면이 되는 패	二萬	筒
간짱이 되는 패	三萬 六萬	筒
변짱이 되는 패 (샤보는 똑같으니 생략)	——	筒

1과 2의 강점이 역전!

간짱 유효패가 많은 만큼 이 보다 강하다는 사실을 알
수 있습니다(간짱은 하나만 들어오면 호형으로 변화한다는 점에
서 변짱보다 뛰어납니다).「가로 연결을 소중하게 여겨서 유효
패를 늘린다」라는 사실을 이해하셨을까요.

이 방법은 고립패를 비교할 때뿐만 아니라 각 타쯔의 우
위를 비교할 때도 쓸 수 있습니다.

타쯔가 6개 있고, 이나 중 하나를 선택해서 버
려「5블록 타법」을 해야 하는 상황입니다. 어떤 패를 버리는
게 좋을까요. 이런 상황에도 "슌쯔가 가까이 있는 패가 강하
다!"라고 생각하시는 게 도움이 됩니다.

각 타쯔의 변화를 비교해보면

	一三五六七 萬	(통패)
삼면장이 되는 패	四萬	―
양면이 되는 패	―	(통패)
량칸이 되는 패	五萬 八萬	(통패)

타쯔 선택에도 도움이 된다!

각각 간짱으로서의 강함 자체에 차이는 없지만 一三五六七萬은 「삼면장이 되는 유효패」가 있다는 점과 「량칸이 되는 유효패」의 개수가 더 많습니다.

타쯔를 선택할 때도 슌쯔가 가까이 있는 타쯔를 남겨두면 이후의 호형 변화 유효패를 늘릴 수 있다는 사실을 기억합시다.

동1국 남가 2순 도라 西

문제.1 어떤 패를 버려야 가장 텐파이하기 쉬울까요?

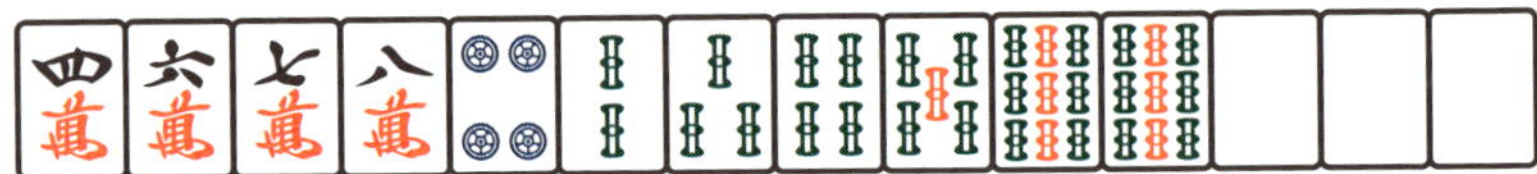

문제.2 5블록 타법을 사용하기 위해 어떤 타쯔를 버려야 할까요?

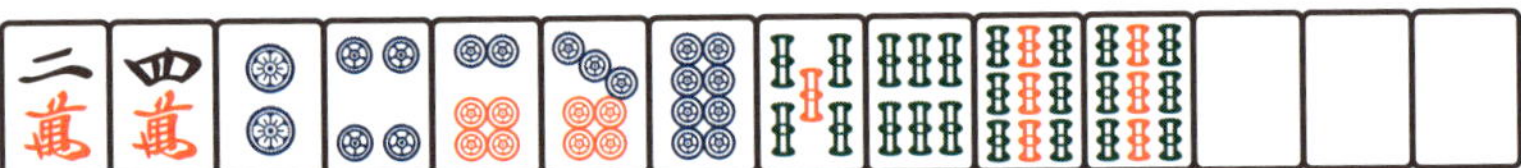

정답.1

🀌과 🀠과 🀛🀜🀝의 쿳츠키 텐파이 상태입니다. 🀛🀜🀝은 강한 연속형이라 남겨두고 🀌과 🀠을 비교해야 하는데, 🀌은 가까운 곳에 🀋🀌🀍 슌쯔가 있으니 🀎을 가져오면 🀋🀌🀍🀎 삼면장이 되고, 🀊을 가져와도 간짱 대기가 생기는 등 여러모로 유리합니다. 고립패인 🀠을 버립시다.

정답.2

🀈🀊과 🀡🀡, 각각 간짱에선 차이가 없지만 슌쯔가 가까운 🀡🀡을 남겨두면 🀢을 가져 왔을 때 🀡🀡🀢🀣 삼면장이 되고, 🀠을 가 져와도 🀠🀡🀡의 량칸 모양이 생깁니다. 호형 변화 가능성이 낮은 🀈🀊을 버립시다.

동1국 남가 2순 도라 西

문제.3 어떤 패를 버려야 가장 텐파이하기 쉬울까요?

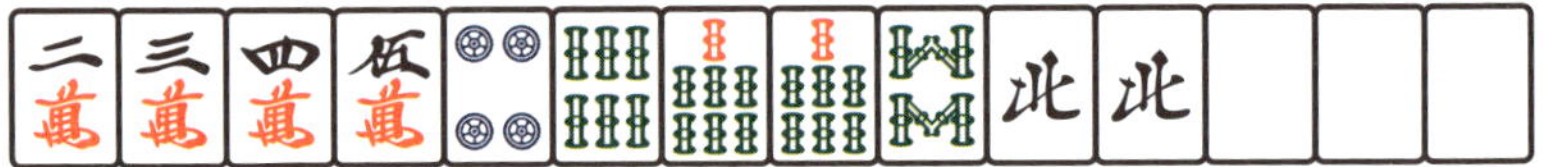

문제.4 어떤 패를 버려야 가장 텐파이하기 쉬울까요?

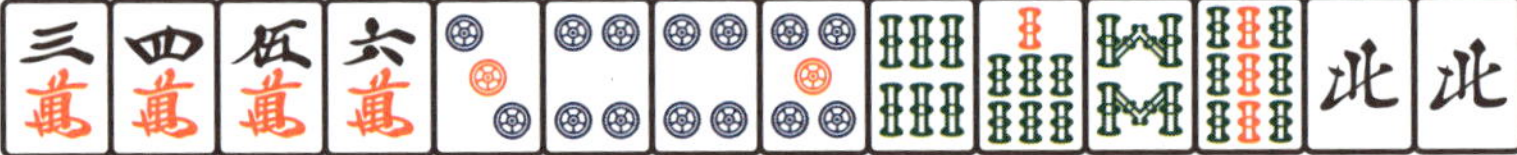

정답.3

과 과 의 쿳츠키 텐파이 상태입니다. 쿳츠키 텐파이일 땐 강한 연속형을 남겨두는 게 기본. 고립패인 을 버립시다.

정답.4

4연속형이 3개 있습니다만 여기에선 을 버립시다. 연속형은 노두패에 가까울수록 약합니다. , 은 삼면장이나 양면이 되는 유효패가 풍부하지만 가장 끝에 치우친 연속형 은 남겨둬도 양면이 되는 유효패가 이나 2종류밖에 없습니다.

혼자 할 수 있는 리치 연습법

마작은 혼자선 즐길 수 없지만 사실 리치를 선언하는 연습은 혼자서도 할 수 있습니다. 효율 높게 리치를 선언하는 방법을 배우셨다면 다음은 연습을 거듭해서 확실하게 몸에 익혀봅시다.

① 패산을 쌓고 본인의 배패 13개를 가져온다.

↓

② 실제 대국처럼 패를 하나 쯔모하고 리치를 목표로 패를 하나 버린다.

↓

③ 18순 안에 리치를 선언하면 성공!

위의 과정을 반복합니다.

실제 대국에선 상대가 화료하거나 제한 시간이 있어서 순수하게 리치만을 목표로 진행하기 힘듭니다. 그러나 이 방법이라면 리치를 목표로 하는 타법만을 연습할 수 있습니다.

실제로 마작패를 가지고 계신다면 스스로 패산을 쌓아 연습할 수 있고, 온라인 마작을 하는 경우엔 천봉·작룡문의 테스트 플레이 모드나 작혼의 CPU 등을 사용해서 비슷하게 연습하실 수 있습니다.

또한 이 연습 방법의 포인트는 리치를 선언한 후 화료했는지 아닌지에 상관없이, 어쨌든 리치를 선언하면 성공한다는 점입니다.

리치란 말하자면 복권이나 다름없습니다. 대박(고타점 화료)이 날 수도 있고 화료하지 못할 수도 있습니다. **리치를 선언하는 횟수가 늘어나면 대박이 날 가능성도 올라가고, 반대로 리치를 선언하지 못하면 당첨 가능성은 0입니다.**

연습을 반복해서 리치를 선언하는 방법을 익히고, 복권 추첨 횟수를 한 번이라도 더 늘리도록 노력해봅시다.

제2장
울기 편

울기로 화료할 수 있다면
이미 상급자입니다.

역이 없으면 화료할 수 없다!

마작에서 화료하기 위해서는

- 4개의 멘쯔와 1개의 또이쯔를 모은다
- 역을 하나 갖춘다

두 가지 조건을 충족해야만 합니다.

아직 역을 확실하게 외우지 못한 상태에서 마작을 하면 「퐁」이나 「치」라고 표시된 버튼을 일단 누르고 최종적으로 「역을 하나 갖춘다」라는 조건을 충족하지 못한 역 없음 상태가 되기 십상입니다.

애초에 퐁·치란

퐁

본인의 손에 또이쯔로 가지고 있는 패의 세 개째 패가 버려졌을 때 「퐁」을 선언하고 손안의 두 개와 합해 커쯔를 만들어 내려놓는 것

치

　본인의 손에 있는 패와 상가가 버린 패를 합해서 슌쯔를 만들 수 있을 때「치」를 선언하고 슌쯔를 만들어 내려놓는 것을 말합니다.

　퐁·치를 한 번 하면 그 국은 리치를 선언할 수 없습니다. 그리고 역 없음이 되면 화료할 수 없으니 퐁·치를 할 땐 리치 이외의 역을 갖추도록 울어야만 합니다.

역 없음 텐파이의 예시

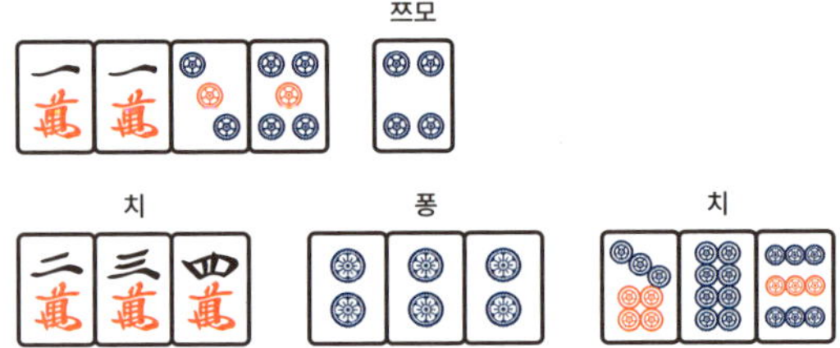

　예를 들어 이 손패는 멘쯔 4개와 또이쯔 1개를 모았지만 역이 없어서 을 쯔모해도 화료할 수 없습니다. 이런 역 없음 텐파이는 피합시다.

　역 없음 텐파이 상태가 되지 않기 위해서도 우선 울지 않고 리치라는 역을 목표로 하는 게 공격의 기본이라고 설명했습니다.

　지금부터는 울어도 화료할 수 있는, 외우기 쉬운 역을 소개하겠습니다.

울기만으로 역이 만들어진다!
「역패」

역패는 리치와 마찬가지로 노리기 쉬우며 굉장히 편리한 역입니다.

성립하는 조건은 단 하나, 「역패」를 3개 모으면 됩니다. 이것만 충족하면 퐁이나 치를 해도 화료할 수 있습니다.

역패로 화료한 패의 예시

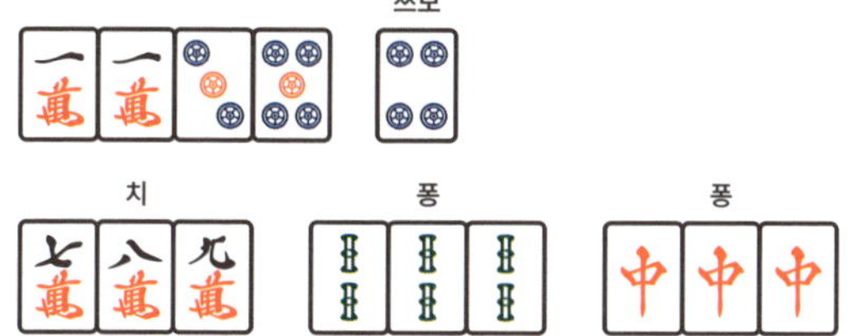

역패에는 세 종류가 있습니다.

삼원패 : ▯·▤·中, 항상 역패가 된다

자풍패 : 본인이 동가라면 東, 남가라면 南, 서가라면 西, 북가라면 北

장풍패 : 동장이라면 東, 남장이라면 南

이 패가 손안에 3개 있으면 「역패」의 역이 성립하므로 다른 부분을 퐁·치해서 화료로 나아갈 수 있고, 손안에 2개밖에 없어도 세 개째 패가 버려지면 퐁을 해서 「역패」의 역을 갖출 수 있습니다.

그러니 우선 「**같은 역패를 2개 가지고 있는 상태로 세 개째 패가 버려지면 퐁을 한다**」라고 기억합시다. 이걸 실천하면 울기를 한 후에 역 없음이 되는 일이 줄어들 겁니다.

역패를 울기를 한 후 이런 모양이 되었다면

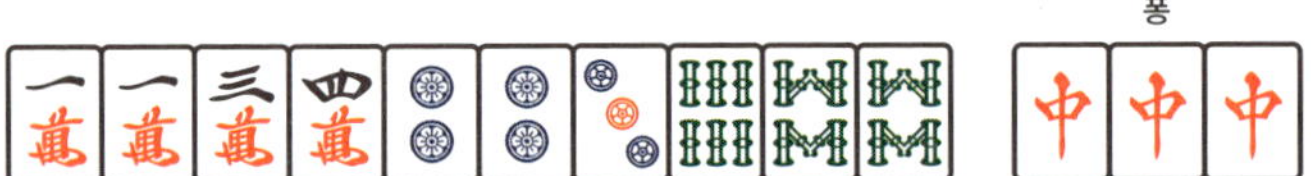

은 퐁을 해서 멘쯔 1개를 완성할 수 있고, 도 치를 해서 멘쯔를 완성할 수 있습니다.

또한 손안에 자패가 여러 개 있을 땐 역패를 다른 자패보다 소중히 여겨서 화료 확률을 더욱 올릴 수 있습니다.

동1국 동가 1순

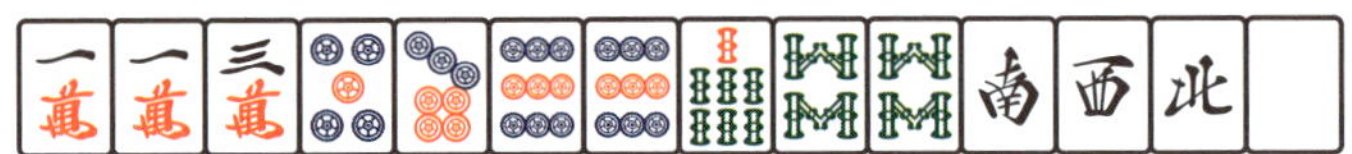

예를 들어 이런 배패를 받았을 때 역패가 아닌 부터 버리고 그 외에 버릴 자패가 없으면 을 버립시다.

어떤 자패든 1개로는 불필요한 패이지만 을 버

리는 동안 두 개째 □을 가져온다면 □을 퐁해서 손패를 만들
어갈 수 있습니다.

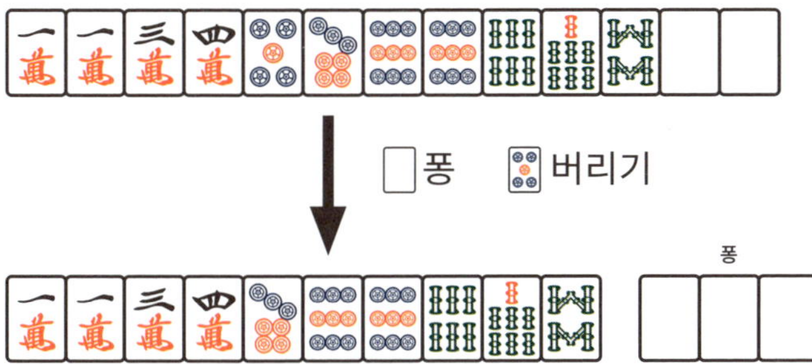

「퐁」이라고 말하기만 해도 역이 생기는 굉장히 편리한 역
패. 실전에서도 열심히 노려봅시다.

문제.1

동2국, 나는 서가입니다.
역패가 되는 자패를 전부 나열해보세요.

문제.2

남1국, 나는 남가입니다.
역패가 되는 자패를 전부 나열해보세요.

정답.1

정답.2

자풍패와 장풍패가 같을 때(동장의 동가와 남장의 남가)
는 역패로 쓸 수 있는 풍패가 1종류뿐입니다.
이런 자풍패일 때를 동장의 동가라면 「더블 東」, 남장의 남
가라면 「더블 南」이라고 부르며 화료했을 때의 타점이 올
라갑니다.

공격의 또 하나의 주역,
「탕야오」

울어도 만들 수 있는 역 중 또 하나의 대표 선수로 「탕야오」가 있습니다.

「탕야오」가 성립하는 조건은 2~8 수패만을 사용하는 겁니다.

탕야오로 화료한 손패의 예시

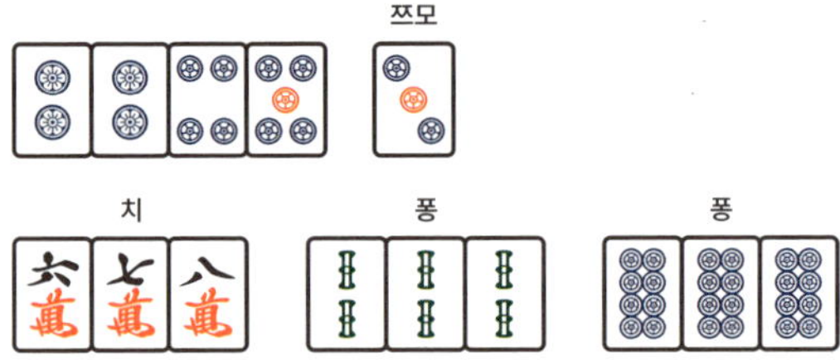

탕야오도 역패와 똑같이 「2~8 수패만을 사용한다」라는 조건만 충족하면 퐁이나 치를 해도 화료할 수 있습니다.

처음엔 리치를 노리고 진행하던 손패가 자패나 노두패를 버리는 동안 자연스레 탕야오가 되는 때도 많습니다. 손안에 2~8패가 많이 남으면 울어서 탕야오로 화료하는 것도 목표로 해보는 게 좋습니다.

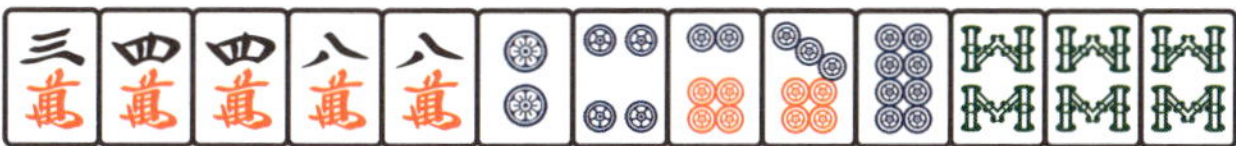

예를 들어 이런 손패라면 三萬四萬·⑤筒을 치, 四萬·八萬을 퐁해서 탕야오를 만들 수 있습니다. 이른 순에 텐파이하면 그만큼 화료하기 쉬우니 탕야오 텐파이를 할 수 있을 땐 적극적으로 울기를 씁시다.

그렇다고 해도 탕야오를 만들고 싶어서 이미 완성된 멘쯔를 무너뜨리면서까지 노려서는 안 됩니다.

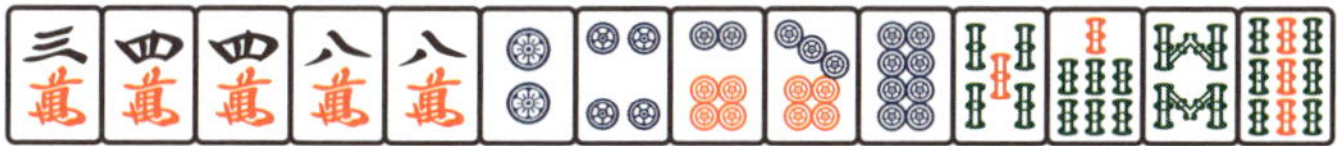

九索을 버리면 손안에는 2~8 수패만 남아 탕야오가 될 것 같은 손패입니다.

그러나 삭수패는 七索八索九索으로 이미 멘쯔가 1개 완성되었습니다. 이처럼 노두패를 포함한 멘쯔가 이미 완성되었을 때는 무리해서 탕야오를 만들려고 하지 말고 리치를 목표로 합시다.

탕야오 테가와리를 의식하자!

리치를 목표로 진행하는 동안 자연스레 패가 안쪽으로 모여 탕야오가 되는 때도 있습니다.

퐁·치를 할 수 있게 될 뿐만 아니라 리치와 탕야오가 함께 붙어서 고타점이 되는 때도 있으니 멘젠 리치를 목표로 할 때도 탕야오를 의식하면서 진행합시다.

예를 들어 이런 이샨텐에 🀑을 쯔모했다면 🀙을 버리고 탕야오 역을 만들 수 있습니다. 🀙🀚과 🀒🀓 대기로 모양은 바뀌지 않지만 울어도 화료할 수 있습니다.

이 방법은 텐파이까지 아직 먼 모양의 손패에서도 유효합니다.

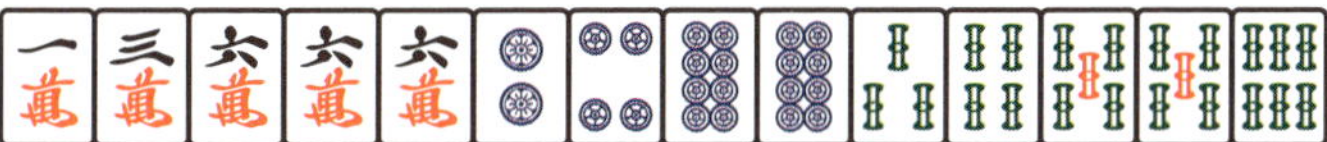

이쪽은 멘쯔와 또이쯔 후보가 6개 있어서 약한 블록을 1개 버리고 5블록으로 만들어야 하는 손패입니다. 이나의 간짱 중 하나를 버려야 하는데, 간짱을 버리면 탕야오가 확정되기 때문에 이쪽을 버리는 게 정답입니다.

이처럼 기본적으로는 리치를 목표로 하는 동시에 탕야오를 의식하며 진행합시다.

연 습 문 제

동1국 남가 2순 도라 

문제.1 어떤 패를 버려야 할까요?

쯔모

문제.2 어떤 패를 버려야 할까요?

쯔모

정답.1

을 쯔모기리하지 않고 손안의 과 바꿉시다. 유효패 종류는 변하지 않지만 탕야오 역이 생겨서 울어도 화료할 수 있습니다.

정답.2

이라는 모양이 된 통수패에서 을 버리고 량칸을 만듭시다. 이쪽도 탕야오가 확정됩니다.

연 습 문 제

문제.3 많은 양면 타쯔 중에서 어디를 버려야 할까요?

문제.4 또이쯔·커쯔가 잔뜩 보이는 손패. 어떤 패를 버려야 할까요?

정답.3

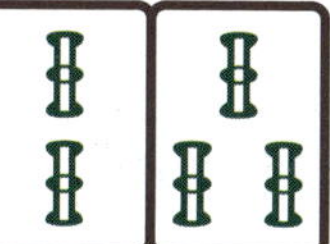

멘쯔와 또이쯔 후보가 6개 있어서 약한 블록을 1개 버리고 5블록으로 만들어야 하는 손패입니다. 전부 양면이지만 은 을 가져왔을 때 탕야오가 무너지는 데 비해 , 은 멘쯔가 완성되었을 때 반드시 손에 탕야오 패만 남습니다.

정답.4

, , , , , 으로 나눠보면 6블록입니다. 손안에 탕야오 패만 남는 또이쯔를 버립시다.

동1국 남가 2순 도라 

어떤 패를 버리고 리치를 선언할까요?

문제.5

쯔모

문제.6

쯔모

정답.5

을 버리든 을 버리든 대기의 양면 텐파이지만, 을 버리면 탕야오 역이 생겨서 타점이 올라갑니다.

리치를 선언할 땐 대기뿐만 아니라 탕야오가 붙는 패가 아닌지도 생각하면서 버릴 패를 고릅시다.

정답.6

을 버리면 과 샤보 대기가 되어 탕야오가 확정됩니다.

그러나 **대기 선택의 기본은 양면 대기라는 점**을 떠올려보세요. 역을 외운 직후일 땐 자기도 모르게 새롭게 알게 된 역을 노리고 싶겠지만 지금은 기본으로 되돌아가 을 버리고 양면 대기로 리치를 선언해야만 하는 때입니다.

도라를 사용해서 점수를 n배로 늘리자

지금까지 효율 높게 화료하는 방법을 설명했습니다. 리치·역패·탕야오로 화료하는 이미지가 생기셨나요?

마지막으로 점수 계산에 대해서도 간단히 설명하겠습니다.

화료했을 때 언을 수 있는 점수는 엄밀히 말하자면 화료역과 부수의 조합으로 결정됩니다. 그러나 계산법이 꽤 복잡해서 바로 외우기 쉽지 않습니다.

이 자리에선 가장 단순한 계산 방법을 소개하겠습니다.

리치와 역패 등 화료하기 위해 1판을 붙이고 다른 역이 없을 때의 점수는

도라가 0개 : 1,000점

도라가 1개 : 2,000점

도라가 2개 : 4,000점

도라가 3개 이상 : 8,000점

(본인이 친이라면 전부 1.5배)

대략적인 숫자입니다만 대체로 이 정도의 점수가 됩니다. 도라패는 그것만으로는 화료 역이 되지 않지만 화료했을 땐 손안의 도라패 1개마다 점수가 2배가 됩니다.

또한 도라패 2개→도라패 3개의 타점 상승 효과는 특히 큽니다. 손안에 탕야오 패가 많고 울어서 도라3이 될 기회가 왔을 땐 적극적으로 울어서「탕야오 도라3」을 목표로 합시다.

도라 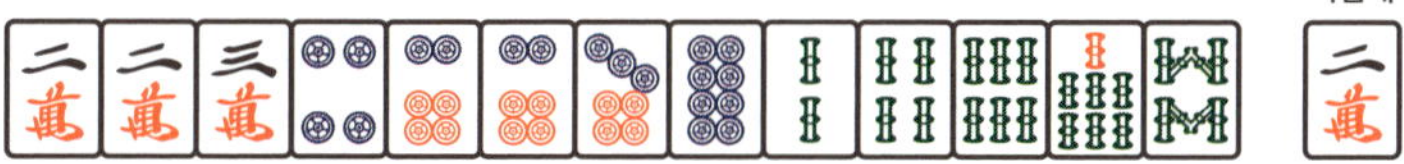

울어도 아직 이샨텐 상태 그대로이지만 도라3이 확정되니 퐁하고 ⚅을 버립시다.

이처럼 도라패는 3개까지는 타점이 2배·4배·8배로 올라가지만 4개 이상부터는 점수 상승 효과가 떨어집니다. 만약 6개를 가지고 있다고 해도 달리 역이 없으면 도라3의 1.5배에 그친 12,000점밖에 받을 수 없습니다.

도라패가 4개 이상 있을 땐 무리해서 전부 쓰지 않아도 괜찮습니다. 3개를 사용해서 빠른 화료를 목표로 합시다.

문제.1 도라 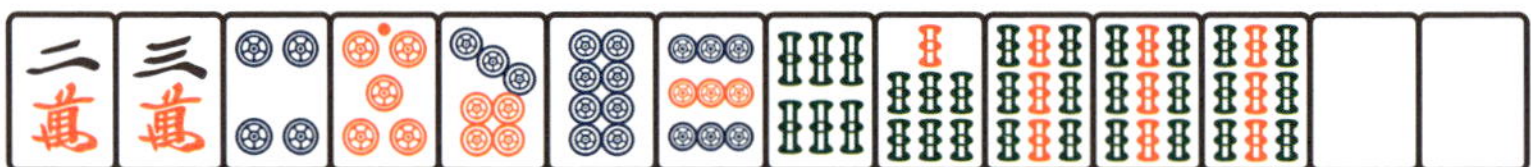 어떤 패를 버려야 할까요?

문제.2 도라 상가가 버린 을 어떻게 해야 할까요?

버림패

정답.1

멘쯔·또이쯔 후보가 6개 있으니 [三三], [●●],[|||| 중 하나를 선택해서 버려야 합니다. 전부 강한 양면 대기이지만 [三三]은 도라패인 [三]을, [●●]은 [●]을 포함하고 있어서 타점을 올릴 수 있으니 남겨둡시다. 상대적으로 가장 약한 [||||]을 버리는 게 정답입니다.

정답.2

치하고

[三]을 치하고 [|||]을 버리면 [三]이 또이쯔가 되고 [●●]과 [||||]이 남은 탕야오 도라3의 이샨텐이 됩니다.
폼을 해도 도라3은 확정되지만 또이쯔가 없어지기 때문에 진행이 늦어질 수 있으니 조심합시다.

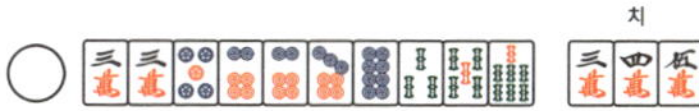

동1국 남가 2순

문제.3 도라 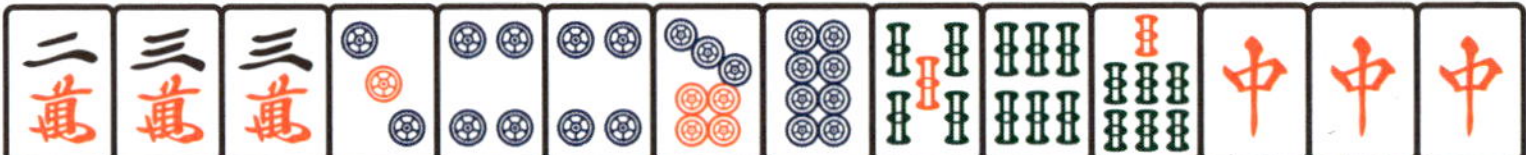 도라패를 다 쓰기 위해선 어떤 패를 버려야 할까요?

문제.4 도라 어떤 패를 버리고 리치를 선언해야 할까요?

정답.3

[🀢]이나 [🀝]을 버리면 유효패가 최대가 됩니다. 여기선 도라패를 또이쯔로 고정하고 [🀝]을 버립시다.

[🀢]을 버리면 [🀝][🀟]이나 [🀟][🀠]을 가져왔을 때 도라패인 [🀝]을 1개 버려야만 합니다. 되도록 도라패를 전부 다 사용하는 조패를 의식합시다.

정답.4

버리고 리치

[🀍]을 버리면 대기패는 [🀋][🀌], [🀌]을 버리면 대기패는 [🀍][🀎]입니다. 둘 다 개수, 점수는 다르지 않은 것처럼 보이지만 대기패가 [🀍][🀎]이면 도라패인 [🀎]으로 화료했을 때 타점이 올라갑니다.

도라패가 [🀋]이나 [🀌]일 땐 대기패가 [🀋][🀌]이 되도록 [🀍]을 버립시다.

동1국 남가 2순

문제.5 도라 이 손패에서 어떤 패를 버려야 할까요?

문제.6 도라 이 손패에서 어떤 패를 버려야 할까요?

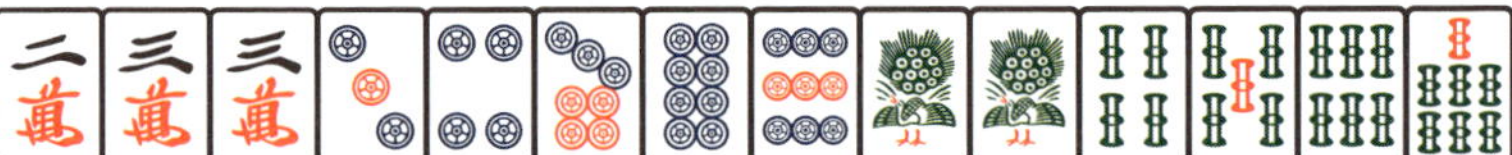

정답.5

이 모양에서 불필요한 패는 🀙과 🀌입니다. 둘 중 어떤 패를 버려도 그다지 차이는 없지만 🀌을 버리면 도라패인 🀍을 가져와도 쓸 수 없습니다. 이 이후 🀍을 가져올 수 있을지 없을지 몰라도 만약 가져왔을 때 쓸 수 있도록 도라패뿐만 아니라 도라패의 옆에 있는 패도 소중하게 남겨둡시다.

정답.6

🀜🀜🀜과 🀡🀡이 남은 이샨텐입니다. 삭수패는 멘쯔 1개와 또이쯔 1개가 완성되었으니 🀋이나 🀎을 버려야 합니다. 이 시점에선 둘 중 어떤 패를 버리든 대기나 타점은 다르지 않지만 🀎을 버리면 이후 🀌을 뽑았을 때 🀍을 버려서 도라를 손안에 넣을 수 있습니다(🀍을 버리면 🀌을 쓸 수 없다는 것도 확인합시다).

모양이 결정된 후로도 "도라를 가져왔을 때 쓸 수 있는 모양이 되진 않을까?"를 생각하면서 진행하면 타점이 더욱 올라갈 겁니다.

제3장
수비 편

상대의 리치에
방총하지 않는 방법을
배워봅시다

수비를 알면 점수봉을
지킬 수 있다

　공격에 대해 배운 다음은 또 하나의 중요한 기술인 수비에 대해서도 알아봐야겠죠.

　지금까지의 지식만으로도 점수를 벌 수 있지만, 공격만으로 마작에서 승리하긴 힘듭니다. 수비를 모르면 모처럼 모은 점수봉을 지킬 수 없으니까요.

　점수봉을 지키기 위해 가장 중요한 건 상대가 리치를 선언한 이후의 대처 방법입니다.

　"텐파이했습니다!"라고 선언한 상대에게 어떻게 대처해야 할까요. 텐파이한 상대의 오름패를 버리는 걸「방총」이라고 합니다. 방총하면 점수봉을 크게 잃게 되죠.

　상대가 리치를 선언해도 본인의 손패가 화료할 것 같을 땐 그대로 화료를 목표로 진행하는 때도 있습니다만, 대다수의 경우 본인의 손패를 무너뜨려서라도 손안에서 안전한 패를 버리는 게 정답입니다. 이걸「**내린다**」라고 합니다.

　즉 수비의 기본은 상대가 리치를 선언했을 때「본인의 손패가 좋은지 나쁜지를 판단하고 그에 따라 패를 진행할지 내릴지를 판단하는 것」과「본인의 손패가 나쁠 때 방총하지 않으려면 무엇을 버려서 내려야 좋은지를 선택하는 것」, 크게 나누어 이 두 가지 기술을 말합니다.

다음 항목부터 각 기술을 설명하겠습니다.

텐파이 상태가 아니라면 리치엔「수비」로 대응

　「상대가 리치를 선언했을 때 본인의 손패가 좋은지 나쁜지를 판단하고 그에 따라 패를 진행할지 내릴지를 판단하는 것」이 수비의 기본 중 하나라고 말씀드렸습니다.

　이걸 마작 용어로「**공수 판단**」이라고 합니다.

　「**공격**」이란 최대한 본인의 화료를 목표로 하고 방총 가능성이 있는 패라도 버리는 것을 말합니다.

　그리고「**수비**」란 방총하지 않도록 본인의 손패를 무너뜨려서라도 안전한 패를 버리며 내리는 것을 가리킵니다. 화료를 향해 전진하기 때문에「공격」, 화료에서 후퇴하더라도 안전한 선택을 하기 때문에「수비」라는 이미지를 떠올리면 이해하기 쉬울 겁니다.

　구체적으로 리치에 따라 어떻게「공격」과「수비」를 바꿔야 할까요. 우선 다음 대국도를 보고「공격」해야 하는지「수비」해야 하는지 생각해봅시다.

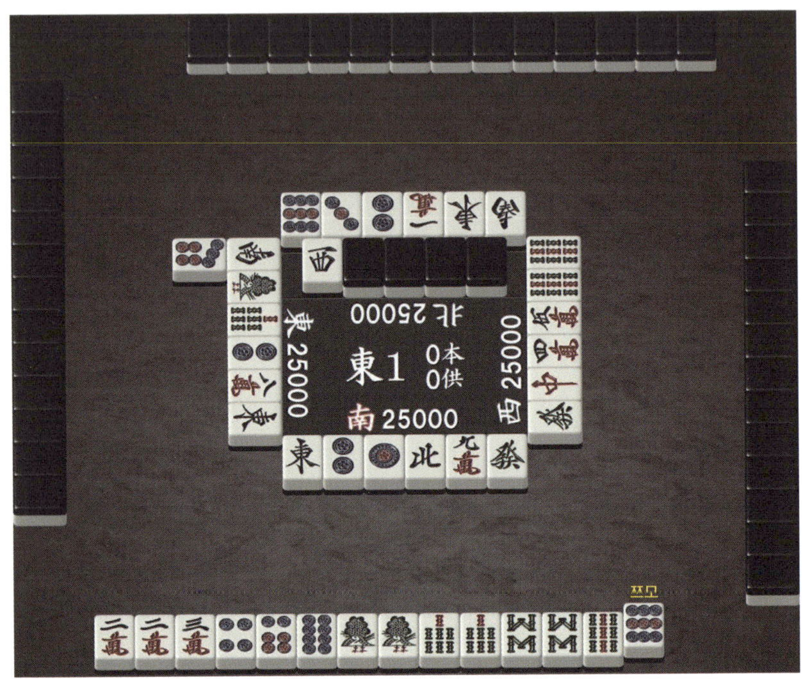

본인의 손패는 그럭저럭 괜찮은 량샨텐입니다. 타가가 리치를 선언하지 않은 이 케이스에선 순순히 [패]을 쯔모기리하고「공격」하는 게 좋습니다.

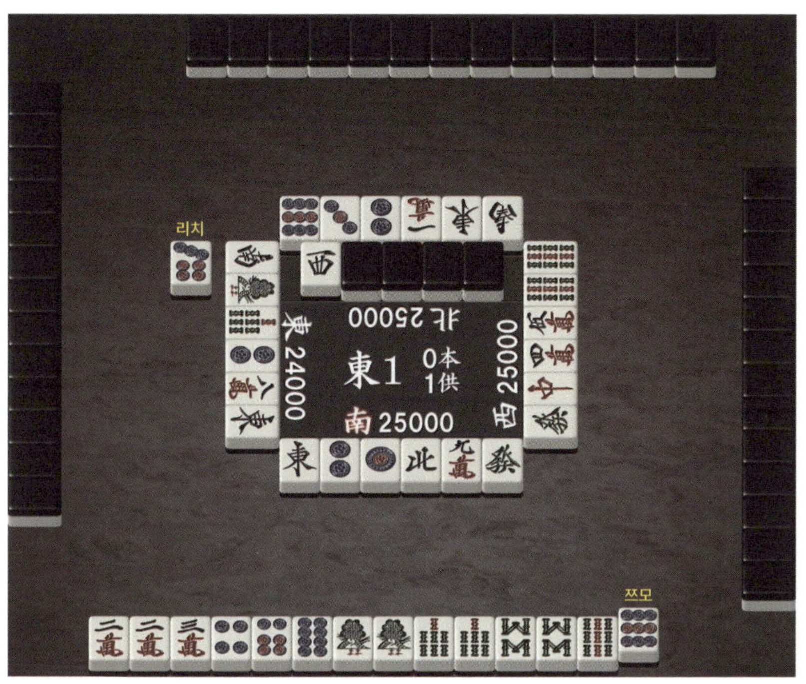

그럼 이 대국도는 어떨까요.

본인의 손패는 변함없지만 친이 리치를 선언했습니다. 여기에서부터 "방총할지도 모르지만 이 손패로 화료하고 싶어."라고 생각하며 불필요한 을 쯔모기리하는 게「공격」, "방총하고 싶지 않으니 안전한 패를 버리자."라고 생각하며 손패를 무너뜨리고 안전한 이나 을 버리는 게「수비」입니다.

어느 쪽을 고를지 판단하는 게 수비의 기본이 되는「공수

123

판단」입니다.

결론을 먼저 말씀드리자면 이 상황에서는 「수비」가 좋습니다.

아직 텐파이하지 않은 이샨텐 이전의 손패는 아무리 모양이 좋아도 그 시점에선 타가에 대한 공격력을 가지지 못한 상태입니다. 거기에서 리치에 대해 위험패를 버리며 밀고 나아가는 건 대부분의 경우에 있어 **위험부담이 돌아올 이익을 크게 상회합니다.**

그럼 구체적으로 어떤 때 「공격」하거나 「수비」를 해야 할까요.

우선 공격의 원칙은

「타가가 리치를 선언하지 않았다면 항상 공격」
「타가가 리치를 선언해도 본인이 역이 있는 텐파이 상태라면 변함없이 공격」

입니다.

마작은 본인이 화료해서 점수를 벌지 않으면 이길 수 없습니다. 본인이 역이 있는 텐파이 상태라면 타가가 리치를 선언해도 두려워하지 말고 밀어붙이는 게 좋은 선택입니다 (멘젠이라면 리치를 선언합시다). 그 결과로 방총하는 때도 있겠지만 장기적으로 보면 좋은 결과를 얻는 쪽이 훨씬 많을 겁니다.

이어서 「수비」의 원칙은

「본인이 텐파이하지 못한 상황에서 타가가 리치를 선언하면
항상 수비」

입니다.

처음 예시에서도 소개했던 대로 이미 텐파이를 선언한 타가가 있는 상태에서 본인이 아직 텐파이하지 않은 때부터 위험패를 버리는 건 굉장히 위험합니다.

본인의 손패에 미련이 있을지도 모르지만 「리치」라는 말이 들린 순간 마음속에 적신호를 켜고 급브레이크를 밟는 게 「공수 판단」의 기본입니다.

공수 판단을 의식해서 실제 대국에서도 실천해봅시다.

방총률이 내려가고 무익한 실점이 줄어들 겁니다.

베타오리를 결정하면
본인의 화료를 포기하자

그럼 상대가 리치를 선언해서 수비로 전환할 땐 어떻게 해야 좋을까요.

「수비」란 본인의 화료 가능성을 포기하더라도 방총하지 않도록 버릴 패를 골라야 합니다.

그중에서도 완전히 화료를 포기하고 내리는 것을 「베타오리」라고 합니다. 우선 **베타오리**를 할 수 있게 연습해봅시다. 베타오리의 구체적인 타법은 매 순에서 본인의 손패 안에서 가장 안전도가 높은(방총하지 않는) 패를 선택하여 버리는 것입니다.

수수해 보일 수도 있지만 베타오리의 정밀도는 굉장히 중요합니다. 마작은 네 명이 하는 게임이라 본인이 화료할 수 있는 건 대체로 4국에 1번 정도입니다. 나머지 3/4를 어떻게 방총하지 않고 넘어가는지에 따라 큰 실력 차이가 생깁니다.

베타오리 실력을 연마하여 회피할 수 있는 방총을 미연에 방지합시다.

안전도가 높은 패에는 몇 개의 랭크가 있습니다.

패의 안전도 랭크

S랭크 : 현물 (반드시 안전)

A랭크 : 자패 (상당히 안전)

B랭크 : 스지 (A랭크보다 조금 위험하지만 C랭크보다
　　　　안전)

C랭크 : 그 이외의 패 (가장 위험)

위의 순서로 방총하지 않는 패입니다.

또한 특수한 랭크로서 **?랭크 : 벽에 의해 안전도가 올라간 패 (A~B랭크)**도 있습니다. 이건 상황에 따라선 A랭크의 자패 이상으로 안전할 수도 있습니다(자세한 내용은 후술).

즉 현물이 있는 동안은 현물을 계속 버리고, 현물이 없으면 자패를, 자패도 없으면 스지나 벽에 의지해서 안전한 패를 버리는 게 베타오리의 기본적인 순서입니다.

다음 항목에선 각각의 랭크에 대해 자세하게 설명하겠습니다.

「현물」에 대해 알아보자

우선 가장 안전한 S랭크, 「**현물**」에 대해 배워봅시다. 현물이란 리치를 선언한 사람이 버린 패와 리치 선언 후 지나간 패를 가리킵니다.

마작의 기본적인 규칙으로 본인이 버린 패와 리치 후 놓친 패로는 화료할 수 없으므로 현물은 리치를 선언한 상대에 대해선 절대적으로 안전한 패입니다. 리치에 베타오리를 할 땐 우선 손안의 현물을 버립시다.

구체적인 대국도를 보고 가겠습니다.

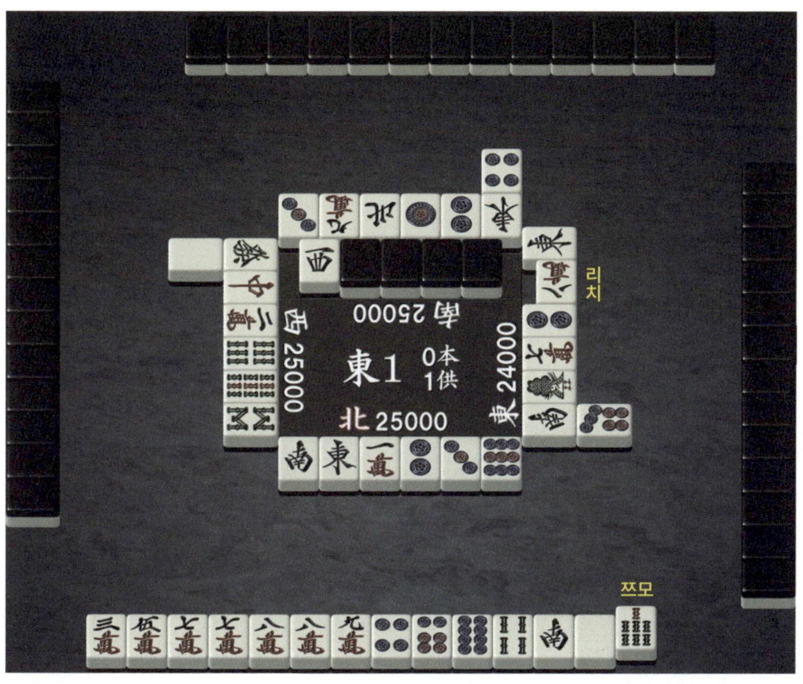

하가인 친이 리치를 선언했습니다. 손안에 있는 현물을
전부 찾아봅시다.

리치를 선언한 하가가 버린 패, 1순에 버린 ▦부터 7순의
▦까지의 패와, 리치 후 대면이 버린 ▦과 ▦과 ▦, 상가가 버
린 ▦과 ▦과 ▦이 이 리치의 현물입니다.

리치를 선언한 사람의 버림패는 바닥을 보면 바로 현물을
알 수 있지만 리치 후 다른 사람이 버린 패는 놓치기 쉬우니
주의합시다. 즉 이 상황에서 손안에 있는 현물은 ▦, ▦, ▦, ▦

, □입니다.

베타오리를 할 땐 이 패를 먼저 버립시다.

또한 리치를 선언한 사람이 버린 패가 울기에 의해 쓰여도 똑같이 현물 취급을 합니다.

이번에도 손패에서 현물패를 전부 나열해봅시다(대면·상가의 울기는 둘 다 리치 전입니다).

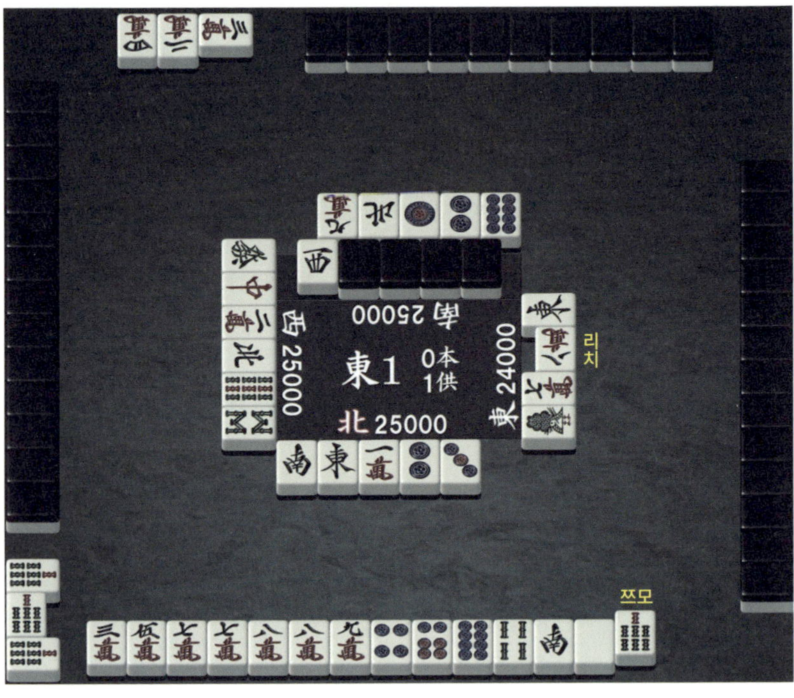

리치를 선언한 사람의 버림패에는 🀅, 🀃, 🀃, 🀀 4종류의 패밖에 없지만 대면이 치를 한 🀆과 상가가 퐁한 🀡도 리치를

선언한 사람이 버린 패입니다. 따라서 이 상황에서는 [패]과 [패]도 리치를 선언한 사람에 대한 현물로 안전하게 버릴 수 있습니다.

또한 리치 후 대면이 버린 [패]과 [패], 상가가 버린 [패]과 [패]도 현물입니다.

즉 이 상황에서 손안에 있는 현물은 [패], [패], [패], [패], [패]입니다.

리치를 선언한 사람의 버림패뿐만 아니라 리치 후에 지나간 패와 울기에 의해 사용된 패까지 확실하게 확인하고 현물을 놓치지 않으면서 베타오리를 할 수 있도록 노력합시다.

「자패」에 대해 알아보자

이어서 A랭크인 「**자패**」입니다.

자패는 샤보 대기나 단기 대기에만 쓰기 때문에 수패보다 안전도가 높은 패입니다. 손안에 현물이 없을 땐 우선 자패를 버립시다.

또한 같은 자패라도 안전도에 차이가 생기는 때가 있습니다. 바로 본인의 눈에 보이는 자패의 개수 차이입니다. 그중에서도 가장 안전한 케이스는 본인의 눈에 같은 종류의 자패가 4개 보일 때입니다. 바닥에 3개가 버려진 종류의 자패 네 개째나 본인의 손에 4개 있는 자패는 국사무쌍 이외의 역엔 사용하지 않아서 거의 안전하다고 할 수 있습니다.

자패는 같은 종류의 자패가 더욱 많이 보일수록 안전도가 올라갑니다. 베타오리 도중에 손안에 여러 개의 자패가 있는 경우엔 되도록 눈에 보이는 개수가 많은 패를 버립시다.

그리고 눈에 보이는 개수가 똑같은 자패가 여러 종 있을 때 역패가 아닌 패부터 버립시다. 만약 방총한다 하더라도

「역패」라는 역이 붙지 않기 때문에 실점을 적게 줄일 수 있습니다.

이때 중요한 게「**내가 아니라 상대에게 있어 역패가 무엇인가**」라는 점입니다.

예를 들어 본인이 서가일 때 ▣는 본인에게 있어 역패이지만 타가에게 있어선 역이 붙지 않는 자패입니다. 따라서 방총한다 하더라도 다른 역패로 방총했을 때보다 실점이 적습니다.

자패를 버릴 땐 우선 눈에 보이는 개수를 확인하고, 눈에 보이는 개수가 똑같다면 상대에게 있어 역패가 아닌 패부터 버립시다.

「스지」에 대해 알아보자

안전도 B랭크인「**스지**」에 대해 이야기하겠습니다.

스지란 리치에 대해 특정 수패가 지나갔을 때(현물이 되었을 때) 대응하는 패의 안전도가 올라간다는 뜻입니다.

구체적으로

4가 지나갔을 땐 그 수패의 1과 7

5가 지나갔을 땐 그 수패의 2와 8

6이 지나갔을 땐 그 수패의 3과 9

가 각각 스지가 되어 안전도가 다른 수패보다 높습니다.

이유는 스지패는 양면 대기에 해당하지 않기 때문입니다. 리치를 선언한 사람이 五萬을 버렸다고 생각해봅시다. 그렇다면 손안에 三萬四萬이나 六萬七萬의 양면 대기가 없다는 뜻이니 二萬과 八萬은 양면 대기에 해당하지 않는다는 사실을 알 수 있습니다. 스지란 **양면 대기에 해당하지 않는** 패라고 기억해둡시다.

물론 간짱 대기나 샤보 대기에 방총할 가능성은 부정할 수 없지만, 리치의 약 2/3는 양면 대기라는 데이터가 있습니다. 따라서 스지패는 통계적으로 위험패에 해당하지 않는다고 할 수 있습니다.

4의 스지는 1과 7, 5의 스지는 2와 8, 6의 스지는 3과 9, 이 3개의 스지의 관계성은 여러 번 입 밖으로 말하면서 암기합시다.

또한 깜빡 잊어버려도 4, 5, 6에서 각각 ±3을 하면 구할 수 있습니다.

베타오리를 하고 싶은데 현물도 자패도 없을 땐 수패 중에선 안전도가 높은 스지패를 선택해서 버립시다.

문제.1

리치를 선언한 사람이 █을 버렸습니다.
이때 리치의 스지패는 무엇일까요?

문제.2

리치를 선언한 사람이 █을 버렸습니다.
이때 리치의 스지패는 무엇일까요?

정답.1

을 버렸다는 건 과 만의 양면 대기가 아니라는 뜻입니다.
따라서 과 이 스지패(양면 대기에 해당하지 않는 패)입니다.

정답.2

을 버렸다는 건 과 의 양면 대기가 아니라는 뜻입니다.
따라서 과 이 스지패입니다.

문제.3

리치를 선언한 후 타가가
▦을 버리고 지나갔습니다.
이때 스지패는 무엇일까요?

문제.4

리치를 선언한 사람이 ▦을 버렸습니다.
이때 스지패는 무엇일까요?

정답.3

 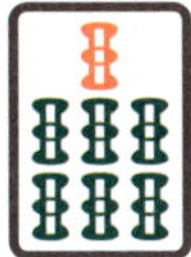

리치를 선언한 사람이 버린 패뿐만 아니라 리치 후 지나간 패(현물이 된 패)의 스지패도 똑같이 안전도가 높은 패입니다.

이 지나갔다는 건 과 의 양면 대기가 아니라는 뜻입니다.

따라서 과 이 스지패입니다.

정답.4

스지패 없음

을 버렸기 때문에 의 양면 대기가 아닙니다. 여기에서 언뜻 이 스지패가 되는 것처럼 보이지만 은 의 양면 대기에 해당할 가능성이 있으므로 안전하다고 할 수 없습니다(다음 항목에서 자세하게 배워봅시다).

1, 2, 3, 7, 8, 9패가 버려졌다고 해도 스지패로 볼 수 없다는 것도 포함해서 기억해둡시다.

「카타스지·나카스지」 로 안전패를 늘리자!

4의 스지는 1과 7, 5의 스지는 2와 8, 6의 스지는 3과 9, 이 세 가지 스지를 배워서 리치에 지나갈 수 있는 패가 많이 늘어났을 겁니다.

그러나 ▦이 지나갔다고 해도 ▦은 안전한 패라고 할 수 없습니다. ▦▦ 타쯔가 남은 ▦▦ 양면 대기에 방총하진 않겠지만 ▦▦ 타쯔가 남은 ▦▦ 양면 대기에 방총할 가능성이 아직 남아있기 때문입니다.

스지를 구성하는 한쪽 패가 지나가도 한 개의 양면 대기만 지나갔을 뿐이므로 안전(양면 대기에 해당하지 않음)하다고 할 수 없습니다. 이런 상태를 카타스지라고 합니다.

그러나 **카타스지**였던 패가 그 후 지나간 패에 따라 안전도가 올라갈 수도 있습니다.

그게 바로 **나카스지**입니다. 나카스지란 4, 5, 6패의 카타스지를 구성하는 두 패가 둘 다 지나가서 두 개의 양면 대기 가능성이 전부 사라진 상황을 뜻합니다.

예를 들어 리치에 [패]이 지나가면 [패]이 카타스지가 되고, 이어서 [패]이 지나갔을 때 [패]은 양면 대기에 해당하는 패일까요?

[패][패] 타쯔가 남은 [패][패] 양면 대기일 가능성은 [패]이 지나갔으니 사라지고, [패][패]이 남은 [패][패] 양면 대기일 가능성도 [패]이 지나가서 사라졌습니다.

이런 상태를 나카스지라고 부르며 스지와 동등하거나 그 이상으로 안전하다고 여깁니다.

이처럼 스지를 익힌 후엔 실전에서 카타스지·나카스지에 대해서도 의식하며 나카스지 패를 고릅시다.

4의 스지는 1과 7

5의 스지는 2와 8

6의 스지는 3과 9

라는 스지의 기본에 더해

1과 7의 나카스지는 4

2와 8의 나카스지는 5

3과 9의 나카스지는 6

이라고 나카스지까지 기억해두면 베타오리를 할 때의 선택지가 더욱 늘어날 겁니다.

문제.1

리치를 선언한 사람이 ▨을 버렸습니다.
이때 리치의 카타스지는 어떤 패일까요?

문제.2

리치를 선언한 사람이 ▨과 ▨을 버렸습니다.
이때 리치의 나카스지는 어떤 패일까요?

정답.1

[三萬]을 버렸다는 건 [四萬][五萬] 양면 대기가 아니라는 뜻입니다. 따라서 [六萬]이 카타스지입니다.
카타스지가 된 시점에선 [六萬]은 안전하다고 할 수 없지만, 이 이후 [九萬]이 지나간다면 [六萬]은 나카스지가 되어 안전도가 높은 패가 됩니다.

정답.2

[二筒]을 버렸다는 건 [一筒][三筒] 양면 대기가 아니라는 뜻이고, [八筒]을 버렸다는 건 [七筒][九筒] 양면 대기가 아니라는 뜻입니다. 따라서 [五筒]이 나카스지(양면 대기에 해당하지 않는, 안전도가 높은 패)입니다.

문제.3

리치를 선언한 사람이 〈이미지〉을 버리고,
리치 후 타가가 〈이미지〉을 버리고 지나갔습니다.
이때 나카스지는 어떤 패일까요?

문제.4

리치 후 타가가 〈이미지〉을 버리고 지나갔습니다.
이어서 리치를 선언한 사람이
〈이미지〉을 쯔모기리했습니다.
이때 나카스지는 어떤 패일까요?

정답.3

스지와 마찬가지로 리치 후에 지나간 패에 의해 나카스지가 된 패도 안전도가 높은 패입니다. 이번엔 [패]과 [패]이 리치에 지나갔으니 [패]과 [패] 양면 대기가 아니라는 뜻입니다. 따라서 [패]이 비교적 안전한 패라는 사실을 알 수 있습니다.

정답.4

이번에도 리치 후 버림패에 의해 나카스지가 생긴 경우입니다. [패]이 지나갔으니 [패][패] 양면 대기가, [패]이 지나갔으니 [패][패] 양면 대기가 아니라는 뜻입니다. 따라서 [패]이 나카스지입니다.

「벽」에 대해 알아보자

안전패를 찾는 또 하나의 단서, 벽에 관해 이야기하겠습니다. 특정 수패가 4개 보이는 상황을 「벽」이라고 하며 보이는 패의 종류에 따라 대응하는 다른 수패의 안전도가 올라갑니다.

우선 실제 대국도를 살펴봅시다.

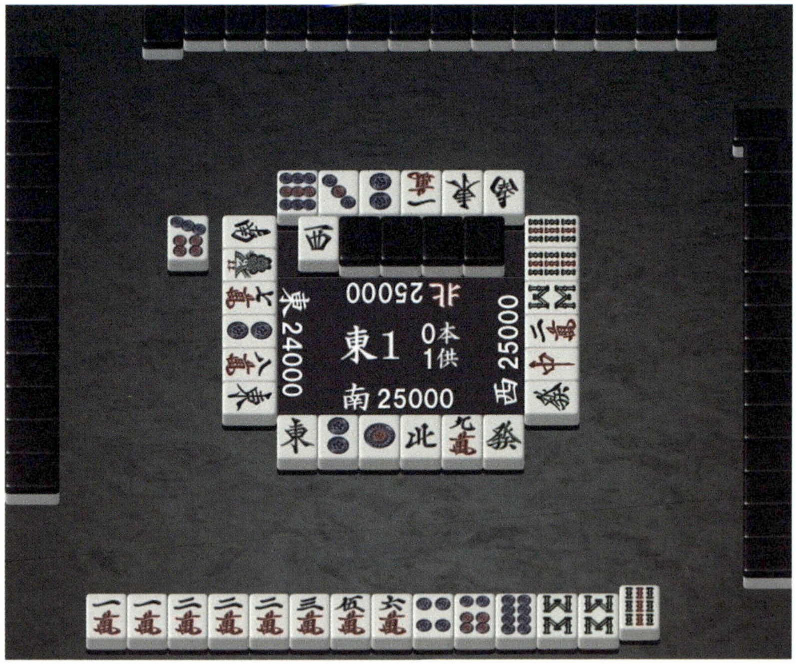

친이 리치를 선언해서 베타오리를 하고 싶지만 현물도 자패도 스지패도 없습니다.

이럴 땐 「**벽**」을 찾아봅시다.

본인의 손패와 타가의 버림패를 잘 보면 🀉이 4개 보입니다. 이런 상태를 「🀉이 벽이 되었다」라고 합니다. 🀉이 벽이 되었다는 건 타가는 🀈을 가지고 있지 않고, 🀈🀉 양면 대기를 만들 수 없다는 뜻입니다. 즉 이 상황에서 🀇은 단기·샤보 대기에만 해당하는, 자패와 똑같이 안전한 패입니다.

벽이 된 패의 종류에 따라 안전도가 상승하는 패가 다릅니다.

벽이 되는 패가 1 (9)

안전도가 크게 올라가는 패는 없습니다.

벽이 되는 패가 2 (8)

타가는 2 3 양면 대기를 만들 수 없으니

1의 안전도가 크게 상승합니다.

벽이 되는 패가 8일 땐 마찬가지로 9의 안전도가 상승합니다.

벽이 되는 패가 3 (7)

타가는 2 3, 3 4 양면 대기를 만들 수 없으니 1과 2의 안전도가 크게 상승합니다.

벽이 되는 패가 7일 땐 마찬가지로 8과 9의 안전도가 상승합니다.

벽이 되는 패가 4 (6)

타가는 3 4, 4 5 양면 대기를 만들 수 없으니 2와 3이 양면 대기에 해당하지 않는 패가 되어 안전도가 조금 상승합니다(5는 6 7, 6은 7 8 양면 대기에 해당할 가능성이 있으므로 안전하다고 할 수 없습니다).

그러나 1 3과 1 2의 간짱·변짱 대기에 해당할 가능성이 남아있어서 안전도 상승률이 낮습니다.

벽이 되는 패가 6일 땐 마찬가지로 7과 8의 안전도가 조금 상승합니다.

벽이 되는 패가 5

타가는 4 5, 5 6 양면 대기를 만들 수 없으니 3과 7이 양면 대기에 해당하지 않는 패가 되어 안전도가 조금 상승합니다(6은 7 8, 4는 2 3 양면 대기에 해당할 가능성이 있으므로 안전하다고 할 수 없습니다).

그러나 2 4와 1 2, 6 8과 8 9의 간짱·변짱 대기에 해당할 가능성이 남아있어서 안전도 상승률이 낮습니다.

또한 벽이 되는 패가 여러 개 있을 땐 각각의 정보를 조합하여 안전한 패를 찾을 수도 있습니다.

예를 들어 같은 수패의 4와 7이 벽이 되었을 땐 3 4, 4 5, 6 7, 7 8 4종류의 양면 대기를 만들 수 없습니다. 이럴 땐 5와 6의 안전도가 크게 상승합니다.

스지와 비교해서 전부 암기하기 힘드시겠지만 "이 패가 4개 보인다면 만들 수 없는 양면 대기에 어떤 게 있을까?"라고 생각하시면 실전에서도 쉽게 안전패를 찾으실 수 있을 겁니다.

문제.1

본인의 눈에 🀐이 4개 보입니다.
이때「벽」에 의해 안전도가 상승한 패는
무엇일까요?

문제.2

본인의 눈에 🀝이 4개 보입니다.
이때「벽」에 의해 안전도가 상승한 패는
무엇일까요?

정답.1

이 4개 보이니 타가는 양면 대기를 만들 수 없습니다. 따라서 단기 대기나 샤보 대기에만 해당하므로 안전도가 높은 패입니다.

정답.2

이 4개 보이니 타가는 두 가지 양면 대기를 만들 수 없습니다. 따라서 단기 대기나 샤보 대기에만 해당하므로 안전도가 높은 패입니다.

문제.3

본인의 눈에 [🀂]이 4개 보입니다.
이때 「벽」에 의해 안전도가 상승한 패는
무엇일까요?

문제.4

본인의 눈에 [🀌]과 [🀍]이 4개씩 보입니다.
이때 「벽」에 의해 안전도가 상승한 패는
무엇일까요?

정답.3

타가는 양면 대기를 만들 수 없습니다. 따라서 三萬과 七萬이 양면 대기에 해당하지 않는 패가 되어 안전도가 상승합니다.

다만 문제.1의 패, 문제.2의 패과 달리 三萬과 七萬은 간짱·변짱 대기에 해당할 가능성이 있기에 안전도 상승률은 그리 높지 않습니다.

정답.4

타가는 패, 패, 패, 패 양면 대기를 만들 수 없습니다. 패과 패 양면 대기가 없으니 패이, 패과 패 양면 대기가 없으니 패이 각각 양면 대기에 해당하지 않습니다.

또한 패과 패이 전부 보이니 패과 패의 간짱 대기도 만들 수 없습니다.

패과 패이 전부 보였을 때 패과 패은 안전도가 굉장히 높은 패가 된다는 사실을 이해하셨을까요?

「부적」패를 가지자

지금까지 타가가 리치를 선언한 후 손안에서 안전한 패를 고르는 방법을 소개했습니다. 여기에서 더욱 한 걸음 나아가 타가가 리치를 선언하기 전에 미리 손안에 안전도가 높은 패를 쥐고 있는 방법이 있습니다.

안전도가 높은 패란

- 바닥에 1개 이상 버려진 자패
- 여러 명의 타가가 버린 현물이나 스지,
  벽에 의해 안전도가 올라간 수패

가 해당합니다.

구체적인 방법을 소개하겠습니다.

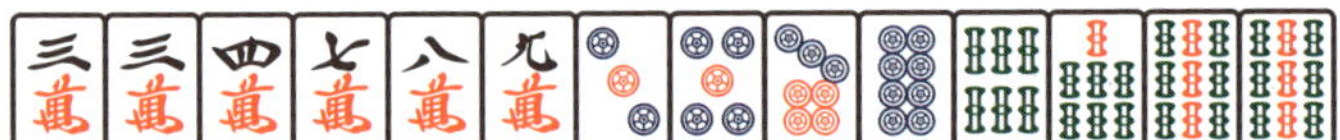

이런 손패일 때 공격 편에서 말씀드린 5블록 타법에 근거하여 약한 간짱인 을 버립니다. 5블록 타법의 가장 큰

장점은「이샨텐 때 강한 모양이 남기 때문」이라고 설명해 드렸는데, 실은 또 하나의 수비적인 장점이 있습니다.

을 버린 후 을 가져왔다면

을 버리고 간짱을 없앴을 때 이런 모양이 됩니다(※이번 항목에서 거론하는 상황에선 은「바닥에 3개 버려진 완전 안전패」라고 하겠습니다).

이 에 의해 손패가 진행되거나 유효패가 늘어나진 않지만 언젠가 타가가 리치를 선언했을 때 1순을 안전하게 지키기 위한 대비로 도움이 됩니다.

저는 이걸「부적」패라고 부릅니다.

이처럼 안전패를 쥔 상태로 손패를 진행하기 쉬운 게 5블록 타법을 추천하는 또 하나의 이유입니다. 손패의 모양이 결정되면 잉여패는 되도록 안전한 패를 남겨둡시다.

또한 안전패로 쥐고 있는 잉여패는 가능하다면 바닥에 3개 버려진 자패처럼 완전 안전패를 쥐고 있고 싶지만, 그리 쉽게 가져올 수 있다고 단언할 수 없습니다. 그럴 땐 잉여패

끼리의 안전도를 비교하고 더욱 안전한 패를 남겨둡시다.
안전도가 높은 패를 남겨두는 비결은

- 자패라면 되도록 바닥에 많이 버려진 쪽이 안전도가 높으니 남겨둔다
- 자풍패는 타가에게 있어 역패가 아니니 다른 자패보다 안전도가 높다
- 수패라면 누군가 한 사람의 현물이나 노두패에 가까운 쪽을 남겨둔다

입니다.

「베타오리를 할 때 생각해야 할 것」으로 소개했던 패의 안전도 랭크를 떠올리고 안전한 패를 고르게 되면 타가가 리치를 선언해도 당황하는 일이 줄어들 겁니다.

안전패가 없을 땐 노두패 안커 버리기

이전 항목에서 수패나 스지, 벽 등을 고려하여 안전도가 높은 패를 찾는 방법을 소개했습니다.

그럼 스지나 벽과 상관없는 수패의 안전도에 차이가 있을까요? 실은 수패 안에서도 안전도에 차이가 존재합니다.

대략적으로 수패의 안전도를 적어보면

1, 9패 > 2, 8패 > 3, 7패 >>> 4, 5, 6패

의 순서로 안전해서 버려도 방총할 확률이 낮은 패입니다.

이는 각각의 패가 어떤 대기에 대해 방총하는지 차이가 있기 때문입니다.

예를 들어 🀇은

- 🀇🀇 양면 대기
- 🀇🀇과 무언가의 샤보 대기
- 🀇 단기 대기

이 세 가지 경우에만 방총합니다.

그러나 은

- 양면 대기
- 양면 대기
- 간짱 대기
- 과 무언가의 샤보 대기
- 단기 대기

이 다섯 가지 경우에 방총할 가능성이 있습니다.

방총할 수 있는 대기 패턴이 많은 패일수록 더욱 위험합니다.

내릴 때 되도록 1이나 9 등 끝에 가까운, 방총하는 대기 패턴이 적은 패를 고릅시다.

이 방법은 실전에선 이렇게 사용할 수 있습니다.

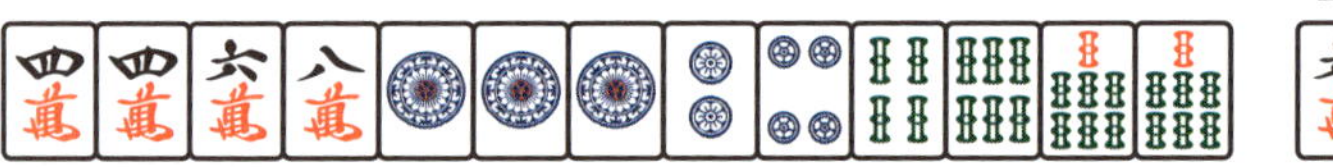

타가가 리치를 선언했지만 현물도 스지도 벽이 되는 안전 패도 없는 상황입니다.

이럴 땐 안커로 가지고 있는 을 버리면서 내리는 게 좋습니다.

이 확실하게 지나간다는 보장은 없지만 이 방총하는 경우는

- 🀙🀙 양면 대기

- 🀙 단기 대기

이 두 가지 뿐입니다(본인이 3개를 가지고 있기에 🀙🀙과 무언가의 샤보 대기는 존재하지 않습니다).

또한 한 개가 지나가면 1순 후, 2순 후에도 🀙을 내고 지나갈 수 있습니다.

안전패를 도저히 찾을 수 없을 땐 되도록 노두패에 가까운 패부터 버려서 방총 확률을 떨어트릴 수 있습니다.

제4장
마음가짐 편

생각처럼 잘되지 않는다면
이번 장을 읽어보세요.

평균 순위 2.5 이하를 목표로 하자

지금까지 리치 편·울기 편·수비 편을 독파한 당신은 이제 누구와도 싸울 수 있는 작사로 성장했습니다.

이 책에선 마지막으로 「마음가짐 편」으로 마작의 기술이 아니라 마주 보는 방법, 마음가짐에 관해 이야기하겠습니다.

우선 마작은 네 명이 하는 게임입니다.

왜 이제 와서 그런 당연한 말을 하는 걸까 생각하실 수도 있지만, 대전 상대가 세 명 있다는 점은 다른 탁상 게임과 매우 큰 차이입니다. 예를 들어 바둑이나 장기라면 실력이 동등한 경우엔 50%의 확률로 이길 수 있지만, 네 명이 경쟁하는 마작의 경우 승률은 25%입니다. 경쟁하는 상대가 많은 만큼 1등이 되기 힘듭니다.

따라서 일대일인 대인 게임 감각으로 마작을 하면 좀처럼 화료하지 못한다, 좀처럼 이길 수 없다 같은 마음이 들지 않으신가요?

게다가 마작의 승패엔 운도 크게 영향을 미치기에 가장 적절한 수를 거듭했다고 해도 운에 따라서는 결국 지는 경우가 있습니다. 따라서 톱 프로라고 해도 1등 확률은 30% 정도가 한계라는 설도 있습니다.

이런 이유에서 1등만이 이기고 그 이외엔 패배, 화료하지 못한 국은 시시하다 같은 감각으로 마주하면 스스로 납득할 만한 결과를 얻지 못해 떨떠름한 기분이 드실 수도 있습니다.

그럼 1등이 아니면 무엇을 목표로 마작과 마주 보아야 할까요. 한 가지 구체적인 방침이 「**평균 순위 2.5 이하를 목표로 하자**」입니다.

평균 순위 2.5란 1등에서 4등을 균등하게 했을 때의 평균 순위로, 이 목표를 달성하면 그 탁자에서 평균 이상의 작사로서 본인의 능력을 측정하는 한 가지 기준이 됩니다.

왜 평균 순위가 중요한지 설명하자면, 순위를 의식함으로써 매 국에 테마가 생기기 때문입니다. 예를 들어 누군가가 점수봉을 80,000점이나 가지고 있고, 본인을 포함한 다른 세 명의 점수가 모두 7,000점 정도라면 1등을 하기 위해서는 역만 쯔모로도 불가능합니다. 깔끔하게 1등을 포기하고 2등을 노린다는 방침으로 전환하는 게 좋습니다.

혹은 남4국에 본인과 하가가 전부 같은 점수인 4등이라면 빨리 화료해서 3등을 노리는 게 좋습니다.

또한 온라인 마작을 한다면 평균 순위 이외에도 다양한 타법 데이터를 볼 수 있습니다만, 처음엔 순위율 이외엔 신경 쓰지 않고 하는 게 좋습니다. 평균 순위 2.5 이하는 쉽지 않습니다만, 이 책에 있는 내용을 확실하게 실천한다면 반드시 달성할 수 있을 겁니다.

1등이 멀어져도, 4등이 되어도 끈기 있게 하나 위의 순위를 목표로 하는 걸 의식한다면 마작이 더욱 재미있어질 겁니다.

이겨도 져도 마작이 즐거워지는 비결

마작의 승패에는 기술뿐만 아니라 운도 크게 영향을 미칩니다.

아무리 실력을 연마해도 가끔 엄청난 불운이 밀려오고, 아무리 명인이라도 손 쓸 새 없이 질 때도 있습니다. 정석을 배우고 마작에 대한 이해가 깊어질수록 점점 이 게임의 부조리한 부분에 대해 응어리 같은 감정을 품는 날도 찾아올 겁니다. 그리고 불운한 시기는 가끔은 며칠, 몇 주간 이어질 수도 있습니다.

그런 날이 당신에게 찾아왔을 때 떠올리시길 바라는, 마작이 즐거워지는 세 가지 비결을 말씀드리겠습니다.

첫 번째 비결

본인의 행동에 따라 확실하게 달성할 수 있는 목표를 가진다

누구나 「목표」를 달성하면 기쁘고, 달성하지 못하면 슬픈 법입니다. 그리고 마작에 운이 깊이 관련이 있는 이상 "오늘은 이기자!"라는 목표를 세우고 의욕을 불태워도 약 50% 정도밖에 달성할 수 없습니다. 가끔은 일주일 이상 계속 지는 불운한 시기도 찾아올 겁니다. 그저 이기는 것만을 목표로 잡으면 아무래도 거기에서 오는 스트레스를 느낍니다.

그래서 목표를「본인의 행동에 따라 확실하게 달성할 수 있는 목표」를 추천합니다.

초보자라면 "양면 대기 텐파이를 되도록 많이 만들자!"나 "타가가 리치를 선언하면 제대로 베타오리를 하자!" 등이 좋습니다. 마작에 익숙해지면 "오늘은 새로 배운 혼일색 역을 만들어보자."나 "타가가 리치를 선언하기 전에 손안에 안전패를 쥐면서 하자." 등도 재미있습니다.

전술서나 동영상을 자주 보는 분이시라면 "어제 읽은 전술을 바로 시험해보자.", "오늘은 ○○ 프로처럼 해보자."라는 목표를 세울 수도 있습니다.

그 결과로 이길 수도 있고 질 수도 있지만, 목표를 달성하면 분명 마작을 즐기실 수 있을 거고, 그 경험이 당신이 한 층 성장하는 데 도움을 줄 겁니다.

두 번째 비결
본인의 실수를 칭찬한다

신기하게도 마작을 배우고 지식이 축적됨에 따라 스스로 깨닫는「실수」가 반드시 늘어납니다.

초반에 자패를 정리하는 순서조차 우열이 있다는 사실을 알면 풍패를 버리는 앞뒤 순서조차 실수했다고 느끼고, 동요한 나머지 이후의 타패도 흔들립니다. 진지한 사람일수록 그런 사소한 실수를 신경 쓰다 마작의 즐거움을 놓치곤 합니다.

마작은 살아있는 사람이 하는 게임이라(저는 카라스텐구지만요) 그런 실수란 반드시 생기는 법. 그때마다 본인을 책망하면 마작 자체에서 즐거움을 잃을 수도 있습니다.

본인의 실수를 깨달았다는 건 지식이 늘어남에 따라 최선의 수를 선택할 수 있는 능력이 많이 늘었다는 뜻입니다.

즉 실수를 깨달았다는 건 그야말로 성장의 증거입니다. 실수했을 땐 실수를 실수라고 바로 깨달은 본인을 잔뜩 칭찬해주길 추천합니다.

'방금 한 수가 실수였다는 걸 깨달은 사람은 아무도 없겠지! 후후후, 난 알아봤다고! 어제보다 성장했다는 증거야!' 라고 마음속으로 크게 웃으며 당당하게 패산에서 다음 패를 가져옵시다.

세 번째 비결
대전 상대를 존중하자!

마작을 처음 배웠을 무렵엔 져도 아무렇지도 않았는데 익숙해짐에 따라 다양한 감정이 솟아오르는 이유는 무엇일까요? 저는 본인의 실력에 자신감을 가지게 되어서 졌다는 사실에 대해 분하다는 감정을 느끼기 때문이라고 생각합니다.

공부와 연구를 하며 실력을 늘리고 본인에게 자신감을 가졌다는 건 마작뿐만 아니라 다양한 길에서 통하는 이치라고도 할 수 있는, 굉장히 훌륭한 자세입니다. 그러나 마작은 가끔 실력 차이를 뒤집을 만한 우연한 기적이 일어나는 게임입니다. 그렇게 패배했을 땐 기껏 생겼던 자신감이 반대로 본인을 상처 입힐 수도 있습니다.

그럼 여기에서 발상을 전환해봅시다.

예를 들어 같은 탁자에 앉은 세 사람이 현역 톱 프로, M리그 선수였다면 어떨까요. 분명 불운한 들통 종료를 맞이했다고 하더라도 분한 감정은 느끼지 않을 겁니다. 상대가 명확히 나보다 더 잘하는 사람이라고 인식하고 져도 당연하다는 경의를 가지며 탁자에 앉기 때문입니다.

즉 중요한 건 같은 탁자에 앉은 사람들을 향한 경의입니다. 졌을 때 짜증이 나는 사람의 원인은 실력과 자신감을 가지는 동안 대국 상대를 존중하는 마음이 옅어지고「상대를 (자각 없이) 본인보다 아래로 보게 되었다」라는 뜻입니다. 그에 의해 불합리한 사상에 빠져 패배를 받아들이지 못하고 분한 감정을 느끼는 게 아닐까요.

져서 짜증이 났을 땐 져도 당연했던 무렵의 초심을 떠올리고 대전 상대를 존중해봅시다. 타가의 화료에는 "대단해! 훌륭하구나!"라고 칭찬해보면 이겨도 져도 분명 가벼운 마음으로 다음 대국에 임할 수 있을 겁니다.

부진을 의식하지 않을 것

제 Twitter 해시태그 #黒乃の巣(쿠로노의 둥지)에서는 시청자 여러분의 고민에 매일 답하고 있습니다. 거기에 종종 이런 사연이 들어옵니다.

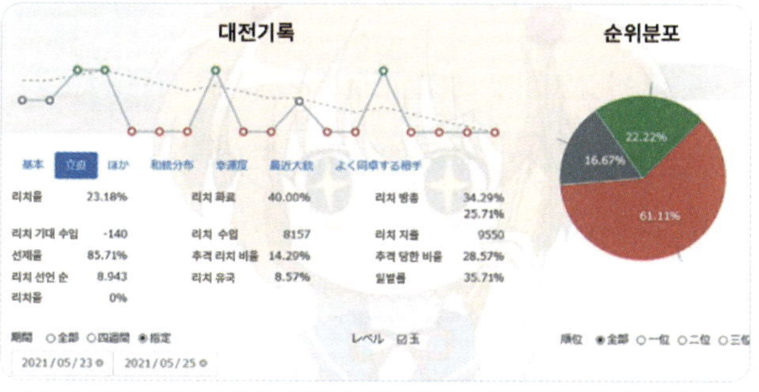

불운한 전개가 이어져서 이기지 못하고 본인의 마작에 자신감을 잃었다, 어떻게 해야 할지 모르겠다. 어느 정도 마작

을 한 분이라면 분명 누구나 경험한 적이 있으실 겁니다.

이런 침체기는 무엇이 원인으로 찾아오는 걸까요?

타법이 흔들려서, 마음이 약해져서, 마작이 심술을 부려서 내게만 불리한 전개가 이어져서일까요. 그렇게 생각하고 싶은 게 당연하지만, 사실 침체기에는 원인이 없다는 게 정답입니다. **맑은 날이 이어지면 언젠가 비가 내리듯이 마작을 하는 한 침체기는 반드시 찾아옵니다.**

이건 마이크로소프트의 마작 AI「슈퍼 피닉스」의 어느 하루 성적입니다.

인간 톱 플레이어도 능가하는 연산 능력을 가진 슈퍼 AI 슈퍼 피닉스라도 이날은 큰 부진을 겪었습니다. 34반장을 진행하여 4등은 무려 13번, 온라인 마작「천봉」에서의 단위가 하루 만에 한 단계 내려갈 정도인 마이너스 1,470포인트

를 기록했습니다.

AI가 연속 4등을 해서 타법이 흔들리거나 장시간 마작을 계속한 피로로 판단력이 둔해질 리 없습니다. 그런 완벽한 작사도 이만한 부진을 겪을 수 있습니다. 부진할 땐 "왜 나만 이렇게 불운한 걸까."라고 느끼실 수도 있지만 실은 모든 작사가 똑같이 부진을 겪습니다.

그 이유는 마작의 승패에 운이 크게 관여하기 때문입니다. 패는 국마다 무작위로 들어오지만 거기엔 자연스레 편향이 발생합니다.

이건 2,000개의 점을 무작위로 찍은 그림입니다.

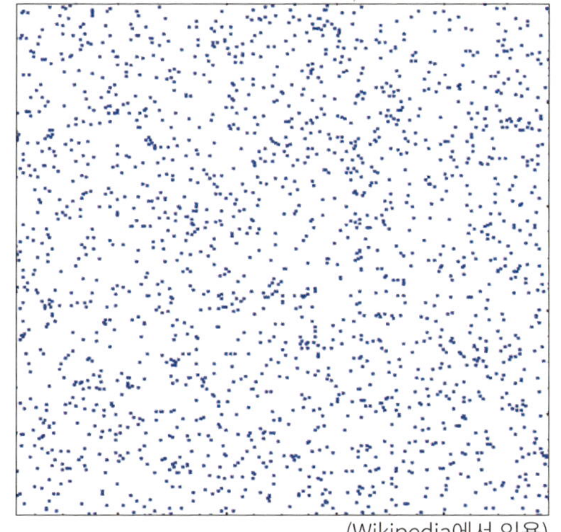

(Wikipedia에서 인용)

모양에 극단적으로 짙은 부분과 옅은 부분이 있다는 걸 알아보셨나요? 그러나 이건 완전한 우연에 의해 발생한 현상입니다. 이와 마찬가지로 "○시합이나 1등을 하지 못했다.", "○회 연속으로 리치 화료를 하지 못했다." 같은 우연의 산물이 편향적으로 발생하는 것이야말로 부진의 정체이자 피할 수 없는 이유입니다.

100전 정도의 부진은 비가 내리는 정도로 흔히 있는 일이라고 받아들이고 느긋하게 비가 그치길 기다리는 게 좋습니다.

그리고 부진을 피할 수 없다는 사실을 깨달았다면 이제 부진한 시기를 어떻게 보내야 할지 생각해봅시다.

1,000년긴 마작을 해온 선배로서 저 나름대로 부진과 함께하는 방법을 전수해드리겠습니다.

그건 「**부진을 의식하지 않는다**」입니다.

부진이 이어지면 "○회 연속으로 리치 화료를 하지 못했다.", "○순이나 쓸모없는 패를 가져왔다." 등 평소엔 생각하지 않는 것까지 의식하는 경우가 있습니다. 물론 어떤 마음인지 이해하지만 사실 이건 성적이 더욱 떨어지는 원인 중 하나입니다.

단기적으로 기억할 수 있는 정보의 수는 약 네 개라고 합니다. 본인의 손패와 타가가 바닥에 버린 패, 점수봉 상황과 타가의 울기 등을 더하면 탁상에서 쓸 수 있는 정보만으로

도 뇌의 용량은 한계치에 도달합니다.

　거기에「리치 화료를 하지 못했던 횟수」등 쓸데없는 정보를 더하면 원래 필요한 정보에 기억 영역을 쓸 수 없습니다.

부진할 때야말로 눈앞의 마작과 똑똑히 마주 보며 평소처럼 대국을 진행하는 걸 의식해야 합니다.

그리고 "부진은 반드시 찾아온다."라는 말을 들으면 "왜 그렇게 힘든 경험을 하면서 마작을 해야 할까."라고 생각하는 분도 계시겠죠. 하지만 그것이야말로 제가 마작을「마음을 기르는 게임」이라고 부르는 이유입니다.

「보리밟기」라는 말을 알고 계시나요? 보리를 키울 땐 여러 번 밟아서 줄기와 뿌리를 두껍고 강하게, 비바람에도 지지 않을 만큼 강하게 키우는 방법이 있습니다.

마작에는 불합리한 패배가 잔뜩 있습니다. 침체기도 반드시 찾아옵니다. 그렇기에 부진을 극복할 때마다 보리처럼 강하게 성장할 수 있다는 게 제 신조입니다.

마지막으로 마작을 하고 싶지 않을 때는 하지 않는 것도 부진과 마주 보는 방법 중 하나입니다. 오래도록 침체기에 대해 말씀드렸지만 가장 하고 싶은 말은 "마작을 계속 좋아해 주길 바라고 항상 패를 쥐고 있길 바란다."라는 주제입니다. 의무감으로 마작을 계속해선 마작이 재미있지 않을 때도 있을 겁니다. 그럴 땐 직접 마작을 하지 말고 마작 방송을 보거나 마작 책을 읽거나, 혹은 전혀 다른 취미로 기분전환을 하는 것도 좋습니다. 그러는 동안 분명 다시 마작을 하고 싶은 날이 올 겁니다.

마작은 언제든 당신을 기다립니다!

저는 3년 전 8월 버추얼 YouTuber가 되었습니다. 마작 이외의 지식은 아무것도 없이 더듬거리며 데뷔했던 순간을 지금도 기억하고 있습니다. 일개 작사에 지나지 않았던 제가 타케쇼보에서 책을 내게 되다니, 이렇게 후기를 쓰는 지금도 아직 꿈을 꾸는 것 같습니다. 이것도 평소 절 지켜보고 지지해주신 여러분 덕분입니다. 진심으로 감사 인사드립니다.

이 책을 통해 제가 정말 좋아하는 마작의 매력과 즐기는 방법을 조금이라도 전할 수 있길 바랍니다.

제 YouTube 채널에선 진검승부 상황을 실황 방송할 뿐만 아니라 시청자와 마작을 하는 참가형 방송도 종종 하고 있습니다. 숙련자분들부터 마작을 배운 지 얼마 되지 않은 분까지 다양한 분이 놀러 오셔서 나이와 실력에 상관없이 북적이며 마작을 즐기고 있습니다. 시청자끼리 모인 탁자도 많이 생겨서 마작을 통해 교류가 넓어져 가는 걸 실감하고 있습니다.

이 책을 읽고 저에 대해 알게 되신 분도 꼭 한 번 채널에 놀러 와주세요.

같은 탁자에 앉는 날을 기다리고 있겠습니다.

마작 1년차 교과서

펴 낸 날 2026년 2월 28일 초판 1쇄

지 은 이 센바 쿠로노
번   역 반기모

편   집 김일철
마 케 팅 이수빈
라 이 츠 선정우
디 지 털 김효준

펴 낸 이 원종우
펴 낸 곳 (주)블루픽
　　　　　주소 (13814) 경기도 과천시 뒷골로 26, 2층
　　　　　전화 02 6447 9000　 팩스 02 6447 9009
　　　　　메일 edit@bluepic.kr　 웹 http://bluepic.kr

I S B N　979-11-6769-481-2 03690

Mahjong ichinemme no kyokasho